Todos los libros de Linkgua Ediciones cuentan con modelos de Inteligencia Artificial entrenados por hispanistas. Pregúntale al chat de tu libro lo que desees acerca de la obra o su autor/a.

Para ebooks: Accede a nuestro modelo de IA a través de este enlace.

Para libros impresos: Escanea el código QR de la portada con tu dispositivo móvil.

Obtén análisis detallados de nuestros libros, resúmenes, respuestas a tus preguntas y accede a nuestras ediciones críticas generativas para una experiencia de lectura más enriquecedora.
La transparencia y el respeto hacia la autoría de las fuentes utilizadas son distintivos básicos de nuestro proyecto. Por ello, las respuestas ofrecen, mediante un sistema de citas, las fuentes con las que han sido elaboradas.

José Antonio Ramos Sucre

Antología

Edición de Rafael Salcedo Bastardo

Barcelona **2024**
Linkgua-ediciones.com

Créditos

Título original: Antología.

© 2024, Red ediciones S.L.

e-mail: info@linkgua.com

Diseño de cubierta: Michel Mallard.

Fotografía de Guillermo Parra: Mural de Francisco Maduro Inciarte titulado Letras y tiempos.

ISBN rústica: 978-84-9007-917-1.
ISBN ebook: 978-84-9007-615-6.

Sumario

Créditos _____ **4**

Brevísima presentación _____ **11**
   La vida _____ 11

La torre de timón (1925) _____ **13**
   Preludio _____ 15
   El fugitivo _____ 16
   El familiar _____ 17
   Elogio de la soledad _____ 19
   La alucinada _____ 21
   La tribulación del novicio _____ 22
   Discurso del contemplativo _____ 24
   El episodio del nostálgico _____ 25
   El retorno _____ 26
   La conversión de Pablo _____ 27
   Ocaso _____ 28
   La venganza del Dios _____ 29
   La hija de Valdemar _____ 30
   De la vieja Italia _____ 31
   Visión del norte _____ 32
   El culpable _____ 33
   Hechizo _____ 34
   La presencia del náufrago _____ 35
   El tesoro de la fuente cegada _____ 37
   Sobre la poesía elocuente _____ 38
   El rapto _____ 39
   El hijo del anciano _____ 40
   El rezagado _____ 41
   El ensueño del cazador _____ 42
   La resipisencia de Fausto _____ 43

La ciudad _____44

El mensajero _____45

El aventurero _____46

La vida del maldito_____48

Sueño_____50

La penitencia del mago _____51

Vislumbre del día aciago _____52

La cuna de Mazeppa_____53

El avenimiento de Sagitario _____54

Santoral _____55

A orillas del mar eterno _____56

Geórgica _____57

El romance del bardo _____58

Las formas del fuego (1929) _____ **59**

Las ruinas _____61

El rito _____62

El talismán _____63

El mandarín _____64

El castigo _____65

El emigrado _____66

El real de los cartagineses _____67

La noche _____68

La sala de los muebles de laca _____69

La plaga_____70

El retórico _____71

El nómade _____72

Fragmento apócrifo de Pausanias_____73

El convite _____74

El retrato _____75

El desesperado _____76

El sopor _____77

El riesgo_____78

El hidalgo_____79

El remordimiento _____80

La verdad_____81

El presidiario _____ 82

El ciego _____ 83

El adolescente _____ 84

Mar latino _____ 85

La suspirante _____ 86

La alborada _____ 87

Rúnica _____ 88

Dionisiana _____ 89

Ofir _____ 90

El protervo _____ 91

El justiciero _____ 93

El venturoso _____ 94

El cortesano _____ 95

El fenicio _____ 96

El sagitario _____ 97

Montería _____ 98

Bajo el velamen de púrpura _____ 99

El lapidario _____ 100

El alumno de Tersites _____ 101

Tacita, la musa décima _____ 102

Carnaval _____ 103

El cielo de esmalte (1929) _____ **105**

Victoria _____ 107

El valle del éxtasis _____ 108

El verso _____ 109

Lucía _____ 110

El Capricornio _____ 111

Los gafos _____ 112

Antífona _____ 113

El cirujano _____ 114

La inspiración _____ 115

La Cábala _____ 116

Marginal _____ 117

Los hijos de la tierra _____ 118

Azucena _____ 119

El vértigo de la decadencia _____ 120

Entre los eslavos _____ 121

El superviviente _____ 122

El nombre_____ 123

Los acusadores _____ 124

La juventud del rapsoda _____ 125

El tótem _____ 126

El lego del convento _____ 127

El cazador de avestruces _____ 128

El clamor _____ 129

Del país lívido _____ 130

El herbolario_____ 131

La mesnada _____ 132

El vejamen _____ 133

El ramo de la Sibila _____ 134

El olvido _____ 135

Los ortodoxos _____ 136

La abominación _____ 137

La merced de la bruma _____ 138

El monigote _____ 139

Analogía_____ 140

Los lazos de la Quimera _____ 141

La zarza de los médanos _____ 142

De Profundis _____ 143

La procesión _____ 144

La virtuosa del clavecín_____ 145

El alumno de violante_____ 146

El cautivo de una sombra _____ 147

Del suburbio _____ 148

Bajo el cielo monótono _____ 149

El selenita_____ 150

La virgen de la palma _____ 151

El peregrino ferviente _____ 152

La ciudad de los espejismos _____ 153

El jardinero de las espinas _____ 154

El tejedor de mimbres _____ 155

El arribo forzoso _____ 156

Fantasía del primitivo _____ 157

Omega _____ 158

Los aires del presagio _____ **159**

Granizada _____ 161

I _____ 161

II _____ 165

III _____ 166

IV _____ 166

V _____ 166

VI _____ 166

Residuo _____ 167

Textos no recogidos en libros _____ **169**

Del destierro _____ 171

El paria _____ 172

Cartas _____ 173

A Lorenzo Ramos _____ 175

Señor Lorenzo Ramos Sucre, agente del Banco de Venezuela Maracay _____ 177

Hamburgo, 5 de febrero de 1930 _____ 179

Srta. Dolores Emilia Madriz. Cumaná _____ 181

Consejos de orden intelectual para Lorenzo Ramos _____ 182

Consejo importante de orden intelectual
para Lorenzo Ramos _____ 183

Libros a la carta _____ **185**

Brevísima presentación

La vida

José Antonio Ramos Sucre (Cumaná, 9 de junio de 1890-Ginebra, Suiza, 13 de junio de 1930). Venezuela.

Nació en Cumaná el 9 de junio de 1890. Hijo de Jerónimo Ramos Martínez y de Rita Sucre Mora. Empezó sus estudios en Cumaná en la escuela Don Jacinto Alarcón. En 1900 fue a Carúpano para ser educado por su padrino y tío paterno, José Antonio Ramos Martínez, quien lo inició en el latín y la literatura. Su padre murió en 1902. Y en 1903 tras la muerte de su tío regresó a Cumaná.

Estudió en el Colegio Nacional de Cumaná, dirigido por don José Silverio González Varela. En 1908, fue nombrado su asistente. En 1910 se graduó de bachiller en Filosofía, y se fue a Caracas para estudiar Derecho y Literatura en la Universidad Central de Venezuela. Al cierre de la universidad por el general Juan Vicente Gómez, tuvo que continuar los estudios por su cuenta.

Graduado de Derecho en 1917 y de Doctor en Leyes en 1925, no ejerció esta profesión sino que fue profesor de Historia y Geografía, Latín y Griego, en centros de educación media, como el Liceo Caracas. Asimismo desde 1914 trabajó como intérprete y traductor en la Cancillería.

Desde 1911 se dio a conocer como poeta publicando en revistas y diarios, sobre todo en *El Universal*, donde aparecieron más de cien poemas en prosa. Publicó *Trizas de papel* (1921), *Sobre las huellas de Humboldt* (1923), que formaron el volumen *La torre de Timón* (1925), *Las formas del fuego* (1929) y *El cielo de esmalte* (1929).

Ramos Sucre se dedicó al estudio y a la lectura, y a la poesía, pero sufrió insomnio crónico. Sus textos muestran el sufrimiento provocado por su creciente fatiga mental. Se suicidó en la ciudad de Ginebra, el 13 de junio de 1930 con una sobredosis de veronal.

La torre de Timón (1925)

Preludio

Yo quisiera estar entre vacías tinieblas, porque el mundo lastima cruelmente mis sentidos y la vida me aflige, impertinente amada que me cuenta amarguras.

Entonces me habrán abandonado los recuerdos: ahora huyen y vuelven con el ritmo de infatigables olas y son lobos aullantes en la noche que cubre el desierto de nieve.

El movimiento, signo molesto de realidad, respeta mi fantástico asilo; mas yo lo habré escalado de brazo con la muerte. Ella es una blanca Beatriz, y, de pies sobre el creciente de la Luna, visitará la mar de mis dolores. Bajo su hechizo reposaré eternamente y no lamentaré más la ofendida belleza ni el imposible amor.

El fugitivo

Huía ansiosamente, con pies doloridos, por el descampado. La nevisca mojaba el suelo negro.

Esperaba salvarme en el bosque de los abedules, incurvados por la borrasca.

Pude esconderme en el antro causado por el desarraigo de un árbol. Compuse las raíces manifiestas para defenderme del oso pardo, y despedí los murciélagos a gritos y palmadas.

Estaba atolondrado por el golpe recibido en la cabeza. Padecía alucinaciones y pesadillas en el escondite. Entendí escapadas corriendo más lejos.

Atravesé el lodazal cubierto de juncos largos, amplectivos, y salí a un segundo desierto. Me abstenía de encender fogata por miedo de ser alcanzado.

Me acostaba a la intemperie, entumecido por el frío. Entreveía los mandaderos de mis verdugos metódicos. Me seguían a caballo, socorridos de perros negros, de ojos de fuego y ladrido feroz. Los jinetes ostentaban, de penacho, el hopo de un ardita.

Divisé al pisar la frontera, la lumbre del asilo, y corrí a agazaparme a los pies de mi dios.

Su imagen sedente escucha con los ojos bajos y sonríe con dulzura.

El familiar

Los campesinos se retraían de señalar el curso del tiempo. Empezaban, con el día; las faenas de la tierra y se juntaban y citaban prendiendo una hoguera en el campo raso.

Yo distinguía desde mi balcón, retiro para el soliloquio y el devaneo, la humareda veleidosa nacida sobre la raya del horizonte.

Disfrutaba, después de mi juventud intemperante, el sosiego de una ciudad extinta.

El arcoiris, joya de la celeste fragua, era diadema perpetua de su monte. Yo recorría sus avenidas, percibiendo el desconsuelo del ciprés y del mármol. Cavilaba en sus plazas opacas y húmedas, esteradas de hojas. Adivinaba, en el espejo de sus estanques y de sus fuentes, cabelleras profusas velando desnudos cuerpos fluidos.

Yo defendía el reposo del agua. La oí cantar, en cierta ocasión, una escala de lamentos al sentirse herida por la rama desprendida de un árbol.

Miraba una vez las imágenes voluptuosas, cuando sentí sobre el hombro izquierdo el contacto de una mano fría, adunca. El importuno me interpelaba, al mismo tiempo, con una voz honda, bronca.

El estanque de mi contemplación se había mudado en un abismo. Desde entonces me siguió aquel hombre imperioso. No osaba verle de frente, su cuerpo alto y desarticulado prometía un rostro demasiado irregular. Bajo sus pasos resonaba hondo el suelo de la calle. Pisaba arrastrando zapatos desmesurados. Provocaba, al pasar, el ladrido de los perros supersticiosos.

No puedo recordar el tema de su conversación. Sus ideas eran vagas, referentes a edad olvidada. Una vez solo, me esforzaba inútilmente dando sentido y contorno a sus palabras molestas.

Los habitantes de mi ciudad, capital de un reino abolido, empezaron a hablar de espantajos y maravillas. Notaban la fuga de formas equívocas al despertar del sueño matinal.

Insistían en el resentimiento de los antiguos reyes, olvidados en su catacumba.

Reposaban en un valle, al pie de cerros tapizados de vegetación menuda, donde la luz y el aire divertían con variaciones de terciopelo verde.

Yo me junté a la caterva de jóvenes animosos, esperanzados de reducir los difuntos, por medio de increpaciones, dentro de los límites de su reino indeciso. Nos acercamos a la puerta de la cripta y dudamos entrar.

Sobrevino un azaroso compañero y se nos adelantó resueltamente. Volvió en compañía de los reyes y de los héroes incorporados de su urna de piedra.

Estábamos mudos de terror.

Observé entonces, por primera vez, su faz enjuta, blanquiza, de cal. Acerté con su origen espantoso.

Había desertado de entre los muertos.

Elogio de la soledad

Prebendas del cobarde y del indiferente reputan algunos la soledad, oponiéndose al criterio de los santos que renegaron del mundo y que en ella tuvieron escala de perfección y puerto de ventura. En la disputa acreditan superior sabiduría los autores de la opinión ascética. Siempre será necesario que los cultores de la belleza y del bien, los consagrados por la desdicha se acojan al mudo asilo de la soledad, único refugio acaso de los que parecen de otra época, desconcertados con el progreso. Demasiado altos para el egoísmo, no le obedecen muchos que se apartan de sus semejantes. Opuesta causa favorece a menudo tal resolución, porque así la invocaba un hombre en su descargo: La indiferencia no mancilla mi vida solitaria; los dolores pasados y presentes me conmueven; me he sentido prisionero en las ergástulas; he vacilado con los ilotas ebrios para inspirar amor a la templanza; me sonrojo de afrentosas esclavitudes; me lastima la melancolía invencible de las razas vencidas. Los hombres cautivos de la barbarie musulmana, los judíos perseguidos en Rusia, los miserables hacinados en la noche como muertos en la ciudad del Támesis, son mis hermanos y los amo. Tomo el periódico, no como el rentista para tener noticias de su fortuna, sino para tener noticias de mi familia, que es toda la humanidad. No rehúyo mi deber de centinela de cuanto es débil y es bello, retirándome a la celda del estudio; yo soy el amigo de los paladines que buscaron vanamente la muerte en el riesgo de la última batalla larga y desgraciada, y es mi recuerdo desamparado ciprés sobre la fosa de los héroes anónimos. No me avergüenzo de homenajes caballerescos ni de galanterías anticuadas, ni me abstengo de recoger en el lodo del vicio la desprendida perla de rocío. Evito los abismos paralelos de la carne y de la muerte, recreándome con el afecto puro de la gloria; de noche en sueños oigo sus promesas y estoy, por milagro de ese amor, tan libre de lazos terrenales como aquel místico al saberse amado por la madre de Jesús. La historia me ha dicho que en la Edad Media las almas nobles se extinguieron todas en los claustros, y que a los malvados quedó el dominio y población del mundo; y la experiencia, que confirma esta enseñanza, al darme prueba de la veracidad de Cervantes que hizo estéril a su héroe, me fuerza a la imitación del Sol, único, generoso y soberbio.

Así defendía la soledad uno, cuyo afligido espíritu era tan sensible, que podía servirle de imagen un lago acorde hasta con la más tenue aura, y en cuyo seno se prolongaran todos los ruidos, hasta sonar recónditos.

La alucinada

La selva había crecido sobre las ruinas de una ciudad innominada. Por entre la maleza asomaba, a cada paso, el vestigio de una civilización asombrosa.

Labradores y pescadores vivían de la tierra aguanosa, aprovechando los aparejos primitivos de su oficio.

Más de una sociedad adelantada había sucumbido, de modo imprevisto, en el paraje malsano.

Conocí, por una virgen demente, el suceso más extraño. Lloraba a ratos, cuando los intervalos de razón suprimían su locura serena.

Se decía hija de los antiguos señores del lugar. Habían despedido de su mansión fastuosa una vieja barbuda, repugnante.

Aquella repulsa motivó sucesivas calamidades, venganza de la arpía.

Circunvino a la hija unigénita, casi infantil, y la: persuadió a lanzar, con sus manos puras, yerbas cenicientas en el mar canoro.

Desde entonces juegan en silencio sus olas descolmadas. La prosperidad de la comarca desapareció en medio de un fragor. Arbustos y herbajos nacen de los pantanos y cubren los escombros.

Pero la virgen mira, durante su delirio, una floresta mágica, envuelta en una luz azul y temblorosa, originada de una apertura del cielo. Oye el gorjeo insistente de un pájaro invisible, y celebra las piruetas de los duendes alados.

La infeliz sonríe en medio de su desgracia, y se aleja de mí, diciendo entre dientes una canción desvariada.

La tribulación del novicio

Bebedizos malignos, filtros mágicos, ardientes mixturas de cantárida no hubieran enardecido mi sangre ni espoleado mi natural lujuria de igual modo que esta mi castidad incompatible con mi juventud. Vivo sintiendo el contacto de carnes redondas y desnudas; manos ligeras y sedosas se posan sobre mis cabellos, y brazos lánguidos y voluptuosos descansan sobre mis hombros. A cada paso siento sobre mi frente los pequeños estallidos de los besos. Una mujer con palabras acariciantes se inclina hasta tocar con la suya mi mejilla. Su voz insinúa dentro de mí el deseo como una sierpe de fuego. Todo mi ser está embargado de fiebre y lo inquieta un loco deseo de transmitirse encendiendo nuevas vidas. Barbas selváticas, cuernos torcidos, cascos, todos los arreos del sátiro podrían ser míos. Demasiado tarde he venido al mundo; mi puesto se halla en el escondrijo sombrío de un bosque, desde el cual satisficiera mi arrebato espiando la belleza femenina, antes de hacerla gemir de dolor y de gozo.

Por desgracia, otra es mi situación y muy duro mi destino; me viste un grueso sayal más triste que un sudario; vivo en una celda, y no en medio de árboles frondosos en un campo libre. Suspiro por un raudal modesto bajo la sombra de ramajes enlazados y cuya superficie temblorosa señalara el vuelo de las auras. Diera la vida por ver en la atmósfera matinal y serena un instantáneo vuelo de palomas, como una guirnalda deshecha. Y en una diáfana mañana, cuando recobran juventud hasta las ruinas, deshechar la última sombra del sueño, turbando con mi cuerpo el éxtasis del agua, enamorada de los cielos. Huida la noche, volviera yo a la vida, cuando el concierto de los pájaros comienza a llenar el vasto silencio, despertara con más lujo que un déspota oriental, segador de hombres. Bajo la luz paternal del Sol sintiera el júbilo de la tierra y contemplara el mar, después de haber jadeado escalando un monte. Sufro por mi estado religioso mayor esclavitud que un presidiario; con mortificaciones y encierros pago el delito de esta rebosante juventud; aislado, herido por desolación profunda, resguardo mis sentidos, y niego satisfacción a mis deseos y hospitalidad a la alegría. El mar palpitante, el viento incansable, el pensamiento volador exasperan el enojo de mi cautiverio, recrudecen la tiranía de mi condición, agravan los grillos que me aherrojan. Debo recatarme de participar en la alegría de la tierra amorosa y robusta; vestir perpetuo traje de oscuridad, cuando a todas partes la luz, rauda viajera, lleva su aleluya; reemplazar con rigurosa seriedad la grave sonrisa que conviene el espectador de la tragicomedia del mundo. Sabiendo que el organismo cede con la satisfacción, he de resistirle aunque reproduzca sus deseos con más furia que la hidra sus cabezas, y merezca por insistente y por traidor su personificación en Satán torvo y enrojecido.

No se calma este ardor con claustro inaccesible ni con desierto desolado. Con esa abstinencia, la locura me haría compañero de santos desequilibrados y extáticos. Ni la penumbra de los templos abrigados me auxilia, porque es tibia como un regazo y favorable al amor como un escondite. La oración tampoco es defensa porque su lenguaje es el mismo que para cautivarse emplean los hijos y las hijas de los hombres. Ni es para alejar del siglo la belleza que resplandece en las efigies: algunas me recuerdan las mujeres que hubiera podido amar, tienen los mismos ojos hermosos y tranquilos, la misma cabellera destrenzada sobre las espaldas y los hombros, y sobre los mismos pies menudos y curiosos debajo del vestido descansa la estatua soberbia del cuerpo. No es bastante el único refugio que alcanzo a los pies del hijo de Dios extenuado y sangriento. Más me apacigua comunicándome su dolor la madre Virgen a los pies del grueso madero. Llora, mientras vencida bajo su calcañal, según la lección bíblica, se tuerce la serpiente perezosa y elástica. Pierden su brutalidad los groseros anhelos, si atiendo a esos ojos lacrimantes, azules de un azul doliente, como el cielo de un país de exilio... Sería distinto, si fueran sus ojos negros, como aquellos otros de brasa infernal, que me han envenenado con su lumbre.

Discurso del contemplativo

Amo la paz y la soledad; aspiro a vivir en una casa espaciosa y antigua donde no haya otro ruido que el de una fuente, cuando yo quiera oír su chorro abundante. Ocupará el centro del patio, en medio de árboles que, para salvar del Sol y del viento el sueño de sus aguas, enlazarán las copas gemebundas. Recibiré la única visita de los pájaros que encontrarán descanso en mi refugio silencioso. Ellos divertirán mi sosiego con el vuelo arbitrario y el canto natural; su simpleza de inocentes criaturas disipará en mi espíritu la desazón exasperante del rencor, aliviando mi frente el refrigerio del olvido.

La devoción y el estudio me ayudarán a cultivar la austeridad como un asceta, de modo que ni interés humano ni anhelo terrenal estorbarán las alas de mi meditación, que en la cima solemne del éxtasis descansarán del sostenido vuelo; y desde allí divisará mi espíritu el ambiguo deslumbramiento de la verdad inalcanzable.

Las novedades y variaciones del mundo llegarán mitigadas al sitio de mi recogimiento, como si las hubiera amortecido una atmósfera pesada. No aceptaré sentimiento enfadoso ni impresión violenta: la luz llegará hasta mí después de perder su fuego en la espesa trama de los árboles; en la distancia acabará el ruido antes que invada mi apaciguado recinto; la oscuridad servirá de resguardo a mi quietud; las cortinas de la sombra circundarán el lago diáfano e imperturbable del silencio.

Yo opondré al vario curso del tiempo la serenidad de la esfinge ante el mar de las arenas africanas. No sacudirán mi equilibrio los días espléndidos de Sol, que comunican su ventura de donceles rubios y festivos, ni los opacos días de lluvia que ostentan la ceniza de la penitencia. En esa disposición ecuánime esperaré el momento y afrontaré el misterio de la muerte.

Ella vendrá, en lo más callado de una noche, a sorprenderme junto a la muda fuente. Para aumentar la santidad de mi hora última, vibrará por el aire un beato rumor, como de alados serafines, y un transparente efluvio de consolación bajará del altar del encendido cielo. A mi cadáver sobrará por tardía la atención de los hombres; antes que ellos, habrán cumplido el mejor rito de mis sencillos funerales el beso virginal del aura despertada por la aurora y el revuelo de los pájaros amigos.

El episodio del nostálgico

Siento, asomado a la ventana, la imagen asidua de la patria.

La nieve esmalta la ciudad extranjera.

La Luna prende un fanal en el tope de cada torre.

Las aves procelarias descansan del océano, vestidas de edredón. Protejo, desde ayer, a la huérfana del caballero taciturno, de origen ignorado.

Refiere sobresaltos y peligros, fugas improvisas sobre caballos asustados y en barcos náufragos. Añade observaciones singulares, indicio de una inteligencia acelerada por la calamidad.

Duda si era su padre el caballero difunto.

Nunca lo vio sonreír.

Sacaba, a veces, un medallón vacío.

Miraba ansiosamente el reloj de hechura antigua, de campanada puntual.

Nadie consigue entender el mecanismo.

He espantado, de su seno, las mariposas negras del presagio.

El retorno

Para entrar en el reino de la muerte avancé por el pórtico de bronce que interrumpía las murallas siniestras. Sobre ellas descansaba perpetuamente la sombra como un monstruo vigilante. Extendíase dentro del recinto un espacio temeroso y oscuro, e imperaba un frío glacial que venía de muy lejos. Era el suelo bajo mis pies como una torpe alfombra, y sobre él avanzaba levemente suspendido por las invisibles. El pasmo de la eternidad se revelaba en augusto silencio, comparable a la calma que rodea el concierto de los astros distantes. Con él crecía el misterio en aquella región indefinida, donde ningún contorno rompía la opaca vaguedad. El espectáculo igual de la sombra invariable perpetuaba en mí el estupor del sueño de la muerte.

Había invadido voluntariamente el mundo que comienza en el sepulcro, para ahogar en su seno, como en un mar de olvido, mi lastimado espíritu. Allí detenía el tiempo su reloj y sucumbía la forma en el color funeral. Surgía de oculto abismo la oscuridad, con el sigilo de una marea tarda y sin rumor, y me arrastraba y tenía a su merced como una voluptuosa deidad. Cautivo de su hechizo letal, erré gran espacio a la ventura, obstinado en la peregrinación extraña y lúgubre. Pero al sentir tras de mí el clamor de la vid, como el de una novia abandonada y amante, volví sobre mis pasos.

La conversión de Pablo

Los moradores de aquel pueblo extrañaban la facilidad con que yo había ganado la privanza del sacerdote que los presidía y curaba de sus almas. Ponderaban su carácter extraordinario, insistían en su retraimiento lastimoso, recordaban para contraste los desmanes de su libre juventud rectificada bruscamente. Venía al caso apuntar la índole sombría de sus deudos, que buscaban el sosiego en diversiones brutales y en regocijos estruendosos, ates de incurrir en el desvarío místico o zozobrar en la demencia.

Decían que el arrepentimiento lo había consumido, que la virtud adoptada de pronto le había prestado aquel aspecto de árbol delgado y vacilante. La frente grave y los ojos desatentos indicaban al hombre desprendido del mundo, que recorre alado la tierra; que oye en el silenció altas voces aéreas.

Acostumbraba el monólogo mortificante, la retirada excursión bajo la Luna lenta, el huraño extravío a lo largo de los árboles que mece el aura de la tarde.

Una vez toleró mi compañía. Las estrellas lucían nuevas en la atmósfera despejada por la lluvia. Celajes desvaídos viajaban hacia el Sol declinante. Cálido vapor surgía de la tierra desperezada al extinguirse el fuego del día.

Avanzaba a mi lado con el paso temeroso de un anciano, cuando me reveló el motivo de su sacerdocio, la razón de su perfeccionamiento asiduo. Entrecortaba este relato bajo un miedo angustioso:

—Vivía yo en donde nací, en una ciudad de claras bizarrías, de consejas extrañas y cármenes morunos. Debieran ser mármoles truncos sus escombros para completar el cuadro helénico del cielo y del mar cristalinos.

Por una de sus calles vetustas regresaba solo a descansar de la noche de orgía y de pasión. Yo adelantaba por aquella oscuridad de caverna cuando me detuvo un miedo superior.

Alguien se me oponía en traje de religioso...

Reconocí la aparición infausta que augura el trance supremo a los hombres de mi raza licenciosa y doliente, y que les inspira el pensamiento invariable en las postrimerías que amenazan más allá de la muerte. Entonces contraen ellos la demencia o conciben desesperada constricción.

27

Ocaso

Mi alma se deleita contemplando el cielo a trechos azul o nublado, al arrullo de un valse delicioso. Imita la quietud del ave que se apresta a descansar durante la noche que avecina. Bendice el avance de la sombra, como el de una virgen tímida a la cita, al recogerse el día y su cohorte de importunos rumores. Crecen silenciosamente sus negros velos, tornándose cada vez más densos, hasta dar por el tinte uniforme y el suave desliz la ilusión de un mar de aguas sedantes y maléficas.

Envuelto en la oscuridad providente, imagino el solaz de yacer olvidado en el seno de un abismo incalculable, emulando la fortuna de aquellos personajes que el desvariado ingenio asiático describe, felizmente cautivos por la fascinación de alguna divinidad marina en el laberinto de fantásticas grutas.

Expiran los sones del valse delicioso cuando el Sol difunde sus postreras luces sobre el remanso de la tarde. A favor del ambiente ya callado y oscuro disfrutan mis sentidos su merecida tregua de lebreles alertos. Y a detener sobre mi frente el perezoso giro de su vuelo, surge del seno de la sombra el vampiro de la melancolía.

La venganza del Dios

El desafuero de los habitantes afeaba la fama de aquella tierra amena, vestida de flores, rota por manantiales ariscos, amada por la nube de gasa y el Sol paternal. Tenía el nombre de una piedra rara y al mar de tributario en perlas.

El Dios velaba el crimen de los hombres en el inmerecido país, y quiso el nacimiento de un mensajero de salud y concordia, lejos de ellos, en la más umbría selva. Nace una noche del seno de una flor, a la luz de un relámpago que pinta en su frente luminoso estigma. Crece al cuidado de las aves y los árboles y al apego de las fieras.

Aquellos hombres reciben la misión de virtud eón atrevimientos y excesos y pagan al enviado con el trance de muerte ignominiosa. El Dios los castiga engrandeciendo la riqueza de la tierra que mancillan. La nutre de tesoros fatales que son desvelo de la codicia, que dividen al pueblo en airados bandos de ricos y de pobres. Los nuevos dones infestan de odios vengativos y pueblan con huesos expiatorios.

La hija de Valdemar

Los pinos aparecen humildes al pie del palacio que alzaron con exaltación de aves de presa hombres soberbios. Su mole oculta durante algún tiempo el ascenso de la Luna después que ha evadido el lomo del monte. Su fábrica imponente deprime el osado proyecto del normando, que solo se acerca en son de paz. Concuerda con el sitio agreste donde el torrente cae desde la cima silenciosa, frecuentada por águilas, e impera el misterio de la vecina selva. Recibe del pasado luctuoso una tremenda majestad que turban con el favor de la noche los duendes vocingleros.

La flor oculta en una gruta no se consume con mayor desdicha que la hija del señor en el recato de la torre, muy cerca de las nubes revueltas en la fuga de los vientos glaciales. Demora en medio de la tempestad con la osadía del ave en el vértice de un mástil. Se alivia del clima helado, del cielo oscuro, del paisaje desierto, del árbol verdinegro con el espectáculo de la nieve. Recuerda entonces el mármol blanco y frío que guarda los despojos, de su madre, a cuyo lado anhela descansar.

Disfruta apenas la compañía del ciervo familiar, cuya enramada testa abate la tierna gala de los montes y prefiere el espejo de los lagos yertos. Ella lo tiene bajo sus pies cuando suscita la angustia honda y trémula del arpa.

Canta el amoroso duelo del invierno que arriba del norte a funerales nupcias con la tierra; el extravío de los navegantes en el mar despoblado; la amenaza del pez deforme y la masa del témpano; el desmayo del náufrago en la noche inmensa; la Luna blanca y torva que es nuncio de la muerte.

Escapa al cautiverio por la mística fuerza del canto encumbrado y solitario. Cultiva el divino atributo a la manera de pío ejercicio que consume la vida y apresura el tiempo. Espera la hora última con himno melodioso por merecer de tal modo el sitio que la fe del país augura entre las almas aladas y errantes. Venturosa esperanza, rescate liberal del duro encierro: una vez libre y con la nueva forma, seguiría a las aves en el viaje al sur festivo y musical.

De la vieja Italia

El caballero Leonardo nutre en la soledad el mal humor que ejercita en riñas e injurias. No lo consuela su palacio y, lejos de gozarlo, se aplica a convertirlo en caverna horrenda y sinuosa, en castillo erizado de trampas. Allí interrumpe el silencio con el aullido de cautivas fieras atormentadas. Recorre la ciudad desgarrando el velo medroso de la media noche con los golpes y las voces de secuaces blasfemos.

Antes de amanecer, con miedo de la luz, se recoge a descansar de la peregrinación desnatural. Huye de mirar la belleza en la alegre diversidad de los colores repartidos en edificios y jardines, y solaza los ojos en la oscuridad confusa y en la sombra llana.

Encuentra en lecturas copiosas el consejo que induce a la maldad y el sofisma que la disculpa. Entretiene, por el recuerdo de encendidas afrentas, el odio hético y febril. Desvela a sus malquerientes con la amenaza de infalibles sicarios, con la intriga perseverante y deleznable, con la interpresa en que ocupa gentes de horca y de traílla.

Sigue sin esfuerzo la austeridad que endurece el alma de los malos. Niega extraterrenos castigos y venturas con amarga e imprecante soberbia. Desafía el sino de la muerte sangrienta que despuebla su alcázar. Espera de su erizado huerto el promedio talismán de alguna flor de rojo centro en cáliz negro. Viste entretanto de luto el caballero siniestro y medita bajo el torvo antifaz.

Está rodeado de miedo y de silencio el palacio en que de día descansa o traza para la noche su delito. Morada ruidosa, ufana de antorchas, desde que las sombras agobian el resto de la ciudad, y urna de recuerdos y leyendas desde que el cadáver del enlutado señor muestra en el pecho abierto manantial de sangre, y figura el absurdo talismán. El pueblo se apodera de esa vida, y dice, con sentimiento pagano, que fue víctima de la noche y de sus vengativos númenes guardianes.

Visión del norte

La mole de nieve navega al impulso del mar desenfrenado, mostrando el iris en cada ángulo diáfano. Tiembla como si la sacudiera desde abajo el empuje de pechos titánicos; pero la trepidación no ahuyenta al ave, retirada y soberbia en lo más alto del bloque errabundo; antes engrandece su actitud extraña, como de centinela que avista el peligro, observando una ancha zona.

Las ráfagas fugaces no alcanzan a rizar el plumaje ni los tumbos de la ola asustan la testa inmóvil del pájaro peregrino, cuyo reposo figura el arrobo de los penitentes. Boga imperturbable a través del océano incierto, bajo la atmósfera destemplada, interrogando horizontes provisorios.

El ave no despide canto alguno, sino conserva la mudez temerosa y de mal agüero que exalta en leyendas y tragedias la aparición y la conducta de los personajes prestigiadores y vengativos, los que por el abandono de la risa y de la palabra excluyen la simpatía humanitaria y la llaneza familiar.

A vueltas de largo viaje, circulan aromas tibios y rumores vagos, y ruedan olas abrasadas por un Sol flagrante, las que atacan y deshacen la balumba de hielo, con la porfiada intención de las sirenas opuestas al camino de un barco ambicioso.

El panorama se diversifica desde ahora con el regocijo de los colores ardientes, y con la delicia de los árboles vivaces y de las playas bulliciosas, descubriendo al ave su extravío, precaviéndola de conocer tórridas lontananzas, aconsejándole el regreso al páramo nativo; el ave se desprende en largo vuelo, y torna a presidir, desde cristalina cúspide, el concierto de la soledad polar.

El culpable

Agonicé en la arruinada mansión de recreo, olvidada en un valle profundo.

Yacían por tierra los faunos y demás simulacros del jardín.

El vaho de la humedad enturbiaba el aire.

La maleza desmedraba los árboles de clásica prosapia.

Algunos escombros estancaban, delante de mi retiro, un río agotado.

Mis voces de dolor se prolongaban en el valle nocturno. Un mal extraño desfiguraba mi organismo.

Los facultativos usaban, en medio del desconcierto, los recursos más crueles de su arte. Prodigaban la saja y el cauterio.

Recuerdo la ocasión alegre, cuando sentí el principio de la enfermedad. Festejábamos, después de mediar la noche, el arribo de una extranjera y su belleza arrogante. La pesada lámpara de bronce cayó de golpe sobre la mesa del festín.

Entreveía en el curso de mis sueños, pausa de la desesperación, una doncella de faz seráfica, fugitiva en el remolino de los cendales de su veste. Yo la imploraba de rodillas y con las manos juntas.

Mi naturaleza venció, después de mucho tiempo, el mal encarnizado. Salí delgado y trémulo.

Visité, apenas restablecido, una familia de mi afecto, y encontré la virgen de rostro cándido, solaz de mi pasada amargura.

Estaba atenta a una melodía crepuscular.

El recuerdo de mis extravíos me llenaba de confusión y de sonrojo. La contemplaba respetuosamente..

Me despidió, indignada, de su presencia.

Hechizo

La tarde aterida vestía de azul, ceniza y plata. Las neblinas, fantasmas de la atmósfera, bajaban la escala del monte procero hasta las ondulaciones de la tierra dura y parda. Circulaban arpegios moribundos, sones eolios, gemidos del aire. Descendía en sacudidos copos la tristeza y una difusa luz tildaba los vértices de cristal.

La niña de infausta belleza rompía con emersión de nelumbo el lago del tedio; Lucía también colores austeros y marchitos, excepto el azul cándido de los ojos infantiles y el lujo solar de la cabellera, capaz de coronar con majestad de tiara su continente de sacerdotisa intacta, al servicio de una religión astronómica.

Yo soy ahora un mar callado al pie de una columna de basalto, orillas de un reino de escaldas, donde no alcanza el Sol oblicuo. Y ella misma, druidesa de espantoso bosque, sugiere el lago de una comarca hiperbórea, oscuro y glacial, de donde huyera la danzante luz con el arribo de noviembre.

Y su rostro perdura en mis ojos desde que me apareció por vez primera en el curso de un letargo, del cual desperté con la súbita fractura de un espejo, en medio de mansión desamparada, una noche interminable.

La noticia de su nombre debía prenunciar mágicamente este segundo encuentro, parecido al reconocimiento fortuito, desenlace de los dramas fatales. Yo conocí aquel nombre leyéndolo con dificultad a la luz de arrinconada lámpara, en la sala de una fiesta concluida. Aquella luz era intermitente, fuliginosa y de color pálido. También eran de color pálido los contados trechos libres del cielo y, con significación de presagio irrevocable, una nube enorme, vampiro de alas satánicas, estorbaba en aquel instante el nacimiento del Sol.

La presencia del náufrago

La dama singular y gentil se disponía a comunicarme esa tarde la confidencia prometida una y otra vez.

Yo le servía una silla plegadiza en un retiro de la playa aireada.

El disco del Sol rodaba fugitivo hacia el límite de un mar oscuro.

El azar nos había reunido en aquel rincón del litoral italiano. Habíamos llegado por caminos opuestos a reposar la fatiga y la melancolía de largos viajes.

Ocultaba su origen bajo el sello de una reserva altiva. Era difícil acertar con su patria porque usaba atinadamente cualquier idioma culto, y porque su persona física armonizaba los rasgos y las prendas más nobles de razas esculturales. Había nacido en alguna familia acaudalada, con raíz en naciones divergentes.

Cabellos de oro, perdición de las flechas del Sol, y ojos verdes, memorias de alta mar, solemnizaban su hermosura lozana y perdurable de deidad.

Declaraba haber contentado con sencilla gratitud las finezas y los requiebros de los galantes, sin pasar a mayor afecto; y convenía en referirme ahora la razón de su aislamiento definitivo. Dejaba entrelucir el nombre de un criollo español, mi compatriota.

Iba yo el año pasado, cantaba su voz artística, en un vapor lujoso, invención de hadas, a través del océano. Viajeros de distinto origen sentían y propagaban una alegría vivaz, exaltada, y me compusieron inmediatamente una corte enfadosa. Aquel bullicio retrocedía ante el recato inexpugnable de un agitador hispanoamericano, hombre de urbanidad sobria, idéntica. Circulaba entre comentarios y leyendas su nombre de soldado. Aquel retraimiento podía venir de una juventud infructuosa, de una vida descabalada. Su duro semblante de asceta vencía las fachas contentas y mofletudas. Vino un día de cerrazón y el vapor lujoso, herido por un témpano, bajó al abismo con sacudidas de terremoto. Yo fui salvada de morir por aquel militar hastiado, de fisonomía absorta. Me declaró su afecto y su nombre y me llevó en peso hasta un bote, donde me había cedido su puesto. Regresó al barco náufrago, donde ocupó sucesivamente los lugares libres todavía de las aguas. Poco después, el sitio mismo de la catástrofe se borraba en el mar raso. Aquel hombre invitaba con la ilusión de una vida intrépida en república desquiciada. De uniforme azul, sobre un caballo blanco, debió de regir las montoneras turbulentas, libres de escalafón, magnetizándolas con su voz mareante, de una seducción irresistible... Cesó de hablar, y la más espesa noche completaba el pensamiento de la mujer desilusionada y casta. Se habían roto las compuertas de las tinieblas.

El tesoro de la fuente cegada

Yo vivía en un país intransitable, desolado por la venganza divina. El suelo, obra de cataclismos olvidados, se dividía en precipicios y montañas, eslabones diseminados al azar. Habían perecido los antiguos moradores, nación desalmada y cruda.

Un Sol amarillo iluminaba aquel país de bosques cenicientos, de sombras hipnóticas, de ecos ilusorios.

Yo ocupaba un edificio milenario, festonado por la maleza espontánea, ejemplar de una arquitectura de áclopes, ignaros del hierro.

La fuga de los alces huraños alarmaba las selvas sin aves.

Tú sucumbías a la memoria del mar nativo y sus alciones. Imaginabas superar con gemidos y plegarias la fatalidad de aquel destierro, y ocupabas algún intervalo de consolación musitando cantinelas borradas de tu memoria atribulada.

El temporal desordenaba tu cabellera, aumento de una figura macilenta, y su cortejo de relámpagos sobresaltaba tus ojos de violeta.

El pesar apagó tu voz, sumiéndote en un sopor inerte. Yo despuse tu cuerpo yacente en el regazo de una fuente cegada, esperando tu despertamiento después de un ciclo expiatorio.

Pude salvar entonces la frontera del país maléfico, y escapé navegando un mar extremo en un bajel desierto, orientado por una luz incólume.

Sobre la poesía elocuente

La elocuencia es el don natural de persuadir y de conmover. La retórica, arte de bien decir, es sierva leal o desleal de la elocuencia, y cuando usa palabra altisonante o superflua merece el nombre de declamación. De modo que no hay disculpa al confundir maliciosamente la elocuencia, ventaja del contenido, emanada del afecto vehemente o de la convicción sincera, con la declamación que es vicio de la expresión, retórica defectuosa.

Algunos poetas sostienen que debe torcerse el cuello a la elocuencia, y conviene objetarles que tal severidad solo debe usarse con la declamación, porque aquel don afortunado sirve muy bien a la poesía entusiasmada y lírica. Además, debe distinguirse entre los poetas inactuales y egotistas y los poetas comunicativos, de apostolado y de combate, bardos de aliento profético y simpatía ardorosa que ejercen una función nacional o humanitaria. Los últimos no pueden prescindir jamás de la elocuencia y se expresarán inevitablemente en imágenes, medio que puede enunciar la filosofía más ardua y comunica eléctricamente la emoción. La imagen es la manera concreta y gráfica de expresarse, y declara una emotividad fina y emana de la aguda organización de los sentidos corporales. Algunos dialécticos, enamorados de la idea universal y sin fisonomía, reprueban esta manera de expresión, considerándola de humilde origen sensorial, y abogando por la supremacía de la inteligencia, con lo cual insisten en las distintas facultades de la mente humana, que es probablemente una totalidad sin partes.

La imagen siempre está cerca del símbolo o se confunde con él, y, fuera de ser gráfica, deja por estela cierta vaguedad y santidad que son propias de la poesía más excelente, cercana de la música y lejana de la escultura.

La imagen, expresión de lo particular, conviene especialmente con la poesía, porque el arte es individuante.

La imagen es un medio de expresión concreta y simpática, apta para poner de relieve las ideas sublimes e independientes de la metafísica y las nociones contingentes de la experiencia, y comunica instantáneamente los afectos. Pero nunca deja de ser un medio de expresión, y quien la use como fin viene a parar en retórico vicioso, en declamador.

El rapto

El follaje exánime de un sauce roza, en la isla de los huracanes, su lápida de mármol. Yo lo había sustraído de su patria, un lugar desviado de las rutas marítimas. Los más hábiles mareantes no acertaban a recordar ni a reconstituir el derrotero. La consideraba un don funesto y quería devolverla.

Pero también deseaba sorprender a mis compatriotas con aquella criatura voluntariosa, de piel cetrina, de cabellos lacios y fuertes. Su lenguaje constaba de sones indistintos.

Enfermó de nostalgia a la semana de la partida. Los marinos de ojos verdes, abochornados con el Sol de las regiones índicas, escuchaban, inquietos, sus lamentos. Recalaron para sepultarla, una vez muerta, en sitio retraído. Se abstuvieron de arrojarla al agua, temerosos de la soltura de su alma sollozante en la inmensidad.

La compasión y el pesar desmadejaron mi organismo. Pedí y conseguí mi licencia del servicio naval. Me he retirado al pueblo nativo, internado en un país fabril, donde las fraguas y las chimeneas arden sobre el suelo de hierro y de carbón.

Mi salud sigue decayendo en medio del descanso y de la esquivez. Siento la amenaza de una fatalidad inexorable. Al descorrer las cortinas de mi lecho, ante la suspirada aparición del día, he de reconocer en un viejo de faz inexpresiva, más temible cuando más ceremonioso, al padre de la niña salvaje, resuelto a una venganza inverosímil.

El hijo del anciano

Unas rayas de buril bastarían para el trasunto del paisaje elemental.

Algún árbol enjuto, esqueleto de palos, signo de blasón, vivía sobre el suelo calcinado.

Montes negros, de perfil translúcido, encerraban el valle.

Mi casa desaparecía, al cabo de un día incierto, en la inundación de la noche fluida.

Los ruidos subterráneos duraban hasta el advenimiento del Sol retardado. Fuerzas sobrehumanas removían la piedra de los sepulcros.

Yo dividía la vida uniforme entre la lectura de epopeyas y tragedias y los hábitos de una mocedad inquieta.

Concebí la imagen de una infanta, amenazada por los silenciarios en el palacio del miedo. Yo solo besaba de rodillas la franja de su manto.

Salí una vez al pasatiempo de la caza en día venerado, no obstante los avisos de mi progenitor. El anciano de los dichos infalibles, aficionado a narrar, descansaba en una silla majestuosa, de arte primitivo.

Una bocina invisible, perdida en la montaña, extravió los perros de mi jauría.

Después de una jornada infructuosa, penetré a descansar en la cámara de una vivienda ilusoria. Las quimeras surgieron paulatinamente de las tinieblas de mi sopor. Creía visitar el palacio del miedo, en donde la infanta de mi pasión afrontaba, en un suplicio, el trance de la muerte. Los ministros y los criados avisaban e imponían el secreto. Las lámparas agotadas soltaban cabelleras de humo en la sala encubierta de negro.

Desperté, cerca de la mañana, en medio del campo.

Mi cabeza reposaba sobre una piedra. Tenía los cabellos húmedos de rocío y, en el rostro, la luz de una Luna diluida.

El rezagado

La tempestad invade la noche. El viento imita los resoplidos de un cetáceo y bate las puertas y ventanas. El agua barre los canales del tejado.

He dejado mi lecho, y me he asomado, por mirar la calle, a la ventana de la sala en ruinas. Los meteoros alumbran un panorama blanco.

Estoy a solas en la oscuridad restablecida, velando el sueño de la tierra.

Mis compañeros, avezados al trajín de estepas y desiertos, me abandonaron pérfidamente en esta aldea, etapa de jornada arriesgada. Rehusaron admitirme al aprovechamiento de sus riquezas, guardando para sí solos el secreto de sus metales y piedras. Mentaban un lago verde y salobre, escondido en una selva de pinos, amenazada por la brumazón.

La aldea es el campamento de una banda feroz. Hombres de tez amarillenta circulan inquietos, la espada en el puño, calado el sombrero cónico. Aliento la esperanza de volver a mi suelo meridional, cerca del mar bruñido por el Sol.

He tratado mi fuga con un hombre menesteroso, de la avildada raza aborigen. Ofrece conducirme por caminos desusados, a espaldas de salteadores homicidas.

Él y yo escaparemos definitivamente de este lugar, donde las víctimas escarpiadas invitan las aves de rapiña, criadas entre las nubes torvas.

41

El ensueño del cazador

Yo me había avecindado en un país remoto, donde corrían libres las auras de los cielos. Recuerdo la ventura de los moradores y sus costumbres y sus diversiones inocentes. Habitaban mansiones altas y francas. Se entretenían en medio del campo, al pie de árboles dispersados, de talla ascendente. Corrían al encuentro de la aurora en naves floridas. Se decían dóciles al consejo de sus divinidades, agentes de la naturaleza y sentían a cada paso los efectos de su presencia invisible. Debían abominar los dictados del orgullo e invocarlas, humildes y escrupulosos, en la ocasión de algún nacimiento.

Señalaban a la hija de los magnates, olvidados de la invocación ritual, y a su amante, el cazador insumiso.

El joven había imitado las costumbres de la nación vecina. Renegaba del oficio tradicional por los azares de la montería y retaba, fiado en sí mismo, la saña del bisonte y del lobo.

Olvidó las gracias de la amada y las tentaciones de la juventud, merced a un sueño desvariado, fantasma de una noche cálida. Perseguía un animal soberbio, de giba montuosa, de rugidos coléricos, y sobresaltaba con risas y clamores el reposo de una fuente inmaculada. Una mujer salía del seno de las aguas, distinguiéndose apenas del aire límpido.

El cazador despertó al fijar la atención en la imagen tenue.

Se retiró de los hombres para dedicarse, sin estorbo, a una meditación extravagante.

Rastreaba ansiosamente los indicios de una belleza inaudita.

La resipisencia de Fausto

Fausto quiere pacificar su curiosidad, encontrar razones con que explicar de una vez por todas el espejismo del universo. Ha solicitado la inspiración de la soledad y domina abrupta, cima, teniendo debajo de sí un apretado cerco de nubes. Huella con ligereza de ave una mole de aristas resaltadas. La borrasca embiste sin tregua el paraje sublime, adecuado para la meditación del problema fundamental.

Fausto ha abandonado el estudio parsimonioso y el amor suave de Margarita, desde que trata con cierto personaje recién aportado al pueblo: un hombre de sospechosa parla, que desordena el vecindario con prestigios de invención diabólica, señalados por más de un detalle arlequinesco.

El propone a Fausto las interrogaciones últimas, inspirándole una curiosidad descontenta y soberbia, habilitándolo con máximas feroces, enemigas de contemplaciones y respetos. Fausto lo rechaza de su trato y amistad con términos violentos, proferidos en la abrupta cima, redoblados por los ecos temerosos del precipicio; y el seductor se retira gesticulando grandiosamente y sin compás, obstinado en visajes y maniobras de truhán. Parte confiado en la germinación de su influjo malsano.

Fausto prueba a aliviar con el viaje distante, dividido en peligros y orgías, la enfermedad de aquel ideal orgulloso, infundida por la ciencia; pero encuentra la desesperanza al cabo de las nuevas emociones. Solicita las vivaces comarcas meridionales; atraviesa menos que fugitivo, un reino tenebroso, obseso de la matanza y de la hoguera, de alma sacerdotal con vistas a la muerte, y renegado del esfuerzo y que la vida.

Pero llega finalmente a un país elisio donde los mirtos y los laureles, criados bajo un cielo primaveral, tremolan al paso del aire melodioso y montan guardia al lado y en torno de los mármoles ejemplares y de las ruinas sempiternas. Descansa en una ciudad quimérica, de lagunas y palacios, visitada por las aves; y deja entonces la investigación desconsolada. Crédulo en la mayor veracidad de los símbolos del arte, espera dar con una explicación musical y sintética del universo.

La ciudad

Yo vivía en una ciudad infeliz, dividida por un río tardo, encaminado al ocaso. Sus riberas, de árboles inmutables, vedaban la luz de un cielo dificultoso.

Esperaba el fenecimiento del día ambiguo, interrumpido por los aguavientos. Salía de mi casa desviada en demanda de la tarde y sus vislumbres.

El Sol declinante pintaba la ciudad de las ruinas ultrajadas. Las aves pasaban a reposar más adelante.

Yo sentía las trabas y los herrojos de una vida impedida. El fantasma de una mujer, imagen de la amargura, me seguía con sus pasos infalibles de sonámbula.

El mar sobresaltaba mi recogimiento, socavando la tierra en el secreto de la noche. La brisa desordenaba los médanos, cegando los arbustos de un litoral bajo, terminados en una flor extenuada.

La ciudad, agobiada por el tiempo y acogida a un recodo del continente, guardaba costumbres seculares. Contaba aguadores y mendigos, versados en proverbios y consejas.

El más avisado de todos instaba mi atención refiriendo la semejanza de un apólogo hindú. Consiguió acelerar el curso de mi pensamiento, volviéndome en mi acuerdo.

El aura prematinal refrescaba esforzadamente mi cabeza calenturienta, desterrando las volaterías de un sueño confuso.

44

El mensajero

La Luna, arrebatada por las nubes impetuosas, dora apenas el vértice de los sauces trémulos, hundidos, con la tierra, en un mar de sombras.

Yo cavilaba a orillas del lago estéril, delante del palacio de mármol, fascinado por el espanto de las aguas negras..

Ella apareció bruscamente en el vestíbulo, alta y serena, despertando leve rumor.

Pero volvió, pausada, a su refugio, cerrando tras de sí la puerta de hierro, antes de volver en mi acuerdo y mientras esforzaba, para hablarle, mi palabra anulada.

Yo rodeo la mansión hermética, añadiendo mi voz al gemido inconsolable del viento; y espero, sobre el suelo abrupto, el arribo del bajel sin velas, bajo el gobierno del taumaturgo anciano, monarca de una isla triste, para ser absuelto del pesado mensaje.

El aventurero

Estaba inerme por efecto de la porfía secular con el burgués y el villano. Había perdido sucesivamente mis privilegios.

Un afecto legítimo reposó los días iniciales de mi juventud.

La doncella rústica, peregrina del mundo de los sueños, portaba una hoz de plata en la ocasión de la primera vista. Enviudé en el curso de hostilidades activas. La algazara de los rebeldes abrevió los últimos instantes de mi compañera.

Pasaba las noches, solo y vestido de hierro, al pie del lecho de su última dolencia. Amigos y criados me habían abandonado en el peligro.

Escrutaba, asomado al ventanal; el cielo manchado de luz tímida.

La muchedumbre e revolvía al pie de los muros, apercibiendo armas y vociferando amenazas.

Aproveché la celebración de un armisticio y escapé, en demanda de la fortuna, sobre un caballo nervioso. Buscaba peligros más importantes.

Dormía con las riendas en la mano sobre el suelo rudo. La noche letárgica borraba las siluetas.

Monté en una barcaza del comercio levantino y hallé el ejército de los cristianos en donde corrieron, bajo la sanción divina, los días primeros de la humanidad.

Los azores y los corceles habían muerto de sed en los desiertos de arena. Los paladines jadeaban a pie o cabalgaban el asno modesto y el buey palurdo.

Un intrigante fugitivo de mazmorra bizantina, se propuso desviarme de la hueste lacerada. Me insinuaba la conquista del mando en reinos indefensos, al alcance de la mano, y me prometía la cohorte desigual de sus adeptos. .

Ejecuté el proyecto después del escarmiento de los nuestros. Los infieles salieron por escuadras, de los senos y de las cuevas de una serranía.

Fuimos acorralados y vencidos por la multitud de sus jinetes. Usaban caballos habilitados para combatir simulando la fuga. Sus armas, de un metal claro, encarnaban tenazmente.

Las mujeres, guardadas en el medio del campamento, prefirieron la servidumbre al sacrificio. Vistieron galas y preseas para aumentar su belleza a los ojos del vencedor.

Mi consejero quedó entre los muertos. Yo salí a salvo, con el séquito de sus parciales, siguiendo una despedazada vía romana.

Atravesé los escombros de una civilización historiada por los gentiles.

Llegué donde me aclamaron pueblos desconocidos, segregados.

He cimentado la fortuna de mi reino por medio de mi casamiento con la sobrina de un príncipe armenio.

La vida del maldito

Yo adolezco de una degeneración ilustre; amo el dolor, la belleza y la crueldad, sobre todo esta última, que sirve para destruir un mundo abandonado al mal. Imagino constantemente la sensación del padecimiento físico, de la lesión orgánica.

Conservo recuerdos pronunciados de mi infancia, rememoro la faz marchita de mis abuelos, que murieron en esta misma vivienda espacios, heridos por dolencias prolongadas. Reconstituyo la escena de sus exequias, que presencié asombrado e inocente.

Mi alma es desde entonces crítica y blasfema; vive en pie de guerra contra los poderes humanos y divinos, alentada por la manía de la investigación; y esta curiosidad infatigable declara el motivo de mis triunfos escolares y de mi vida atolondrada y maleante al dejar las aulas. Detesto íntimamente a mis semejantes, quienes solo me inspiran epigramas inhumanos; y confieso que, en los días vacantes de mi juventud, mi índole destemplada y huraña me envolvía sin tregua en reyertas vehementes y despertaba las observaciones irónicas de las mujeres licenciosas que acuden a los sitios de diversión y peligro.

No me seducen los placeres mundanos y volví espontáneamente a la soledad, mucho antes del término de mi juventud, retirándome a esta mi ciudad nativa, lejana del progreso, asentada en una comarca apática y neutral. Desde entonces no he dejado esta mansión de colgaduras y de sombras. A sus espaldas fluye un delgado río de tinta, sustraído de la luz por la espesura de árboles crecidos; en pie sobre las márgenes, azotados sin descanso por un viento furioso, nacido de los montes áridos. La calle delantera, siempre desierta, suena a veces con el paso de un carro de bueyes, que reproduce la escena de una campiña etrusca.

La curiosidad me indujo a nupcias desventuradas, y casé improvisamente con una joven caracterizada por los rasgos de mi persona física, pero mejorados por una distinción original. La trataba con un desdén superior, dedicándole el mismo aprecio que a una muñeca desmontable por piezas. Pronto me aburrí de aquel ser infantil, ocasionalmente molesto, y decidí suprimirlo para enriquecimiento de mi experiencia.

La conduje con cierto pretexto delante de una excavación abierta adrede en el patio de esta misma casa. Yo portaba una pieza de hierro y con ella le coloqué encima de la oreja un firme porrazo. La infeliz cayó de rodillas dentro de la fosa, emitiendo débiles alaridos como de boba. La cubrí de tierra, y esa tarde me senté solo a la mesa, celebrando su ausencia.

La misma noche y otras siguientes, a hora avanzada, un brusco resplandor iluminaba mi dormitorio y me ahuyentaba el sueño sin remedio. Enmagrecí y me torné pálido, perdiendo sensiblemente las fuerzas. Para distraerme, contraje la costumbre de cabalgar desde mi vivienda hasta fuera de la ciudad, por las campiñas libres y llanas, y paraba el trote de la cabalgadura debajo de un mismo árbol envejecido, adecuado para una cita diabólica. Escuchaba en tal paraje murmullos dispersos y confusos, que no llegaban a voces. Viví así innumerables días hasta que, después de una crisis nerviosa que me ofuscó la razón, desperté clavado por la parálisis en esta silla rodante, bajo el cuidado de un fiel servidor que defendió los días de mi infancia.

Paso el tiempo en una meditación inquieta, cubierto, la mitad del cuerpo hasta los pies, por una felpa anchurosa. Quiero morir y busco las sugestiones lúgubres, y a mi lado arde constantemente este tenebrario, antes escondido en un desván de la casa.

En esta situación me visita, increpándome ferozmente, el espectro de mi víctima. Avanza hasta mí con las manos vengadoras en alto, mientras mi continuo servidor se arrincona de miedo; pero no dejaré esta mansión sino cuando sucumba por el encono del fantasma inclemente. Yo quiero escapar de los hombres hasta después de muerto, y tengo ordenado que este edificio desaparezca, al día siguiente de finar mi vida y junto con mi cadáver, en medio de un torbellino de llamas.

Sueño

Mi vida había cesado en la morada sin luz, un retiro desierto, al cabo de los suburbios. El esplendor débil, polvoso, de las estrellas, más subidas que antes, abocetaba apenas el contorno de la ciudad, sumida en una sombra de tinte horrendo. Yo había muerto al mediar la noche, en trance repentino, a la hora misma designada en el presagio. Viajaba después en dirección ineluctable, entre figuras tenues, abandonado a las ondulaciones de un aire gozoso, indiferente a los rumores lejanos de la tierra. Llegaba a una costa silenciosa, bruscamente, sin darme cuenta del tiempo veloz. Posaba en el suelo de arena blanca, marginado por montes empinados, de cimas perdidas en la altura infinita. Delante de mí callaba eternamente un mar inmóvil y cristalino. Una luz muerta, de aurora boreal, nacida debajo del horizonte, iluminaba con intensidad fija el cielo sereno y sin astros. Aquel paraje estaba fuera del universo y yo lo animaba con mi voz desesperada de confinado.

La penitencia del mago

Recibí advertimientos numerosos de origen celeste cuando empezaba a iniciarme en una ciencia irreverente. Me disuadían de seguir la demanda de verdades superiores a la fragilidad del hombre, y me amenazaban con la pérdida de la felicidad el mismo día de tenerla a mi alcance y con la prolongación expiatoria de mis días..

La meditación orgullosa había desmedrado aceleradamente mi organismo, anticipando las señales de la vejez.

Vi en la ruina de mi salud el último aviso de una potestad indignada. Volví en mis fuerzas retirándome a la soledad de un predio, defendido por barrancos y hondones. De allí salí más tarde, en busca de impresiones nuevas, para un reino de tradiciones y de ruinas. Y, debajo de un pórtico despedazado, encontré una mujer adolescente, de ojos extasiados.

De tanto frecuentar su trato plácido, sentí el contagio de su arrobamiento, y sané de la zozobra anterior, disfrutando una promesa de bienestar.

Una tarde le referí los atentados de mi pasada curiosidad soberbia. Mis palabras alarmaron su imaginación; ratificaron temores informes de peligro entrevistos o soñados durante su niñez retraída. Aquel sobresalto comenzó la abolición de su pensamiento y fue el estímulo de una agonía larga.

Seguí adelante al comenzar el advenimiento de las amenazas fatales. Buscaba un lugar apacible donde pagar el resto de la sanción irrevocable y esperar el diferido término de mis días.

Di con este país sumido en silencio nocturno. Escogí para edificar mi retiro la sombra de esta selva, tapiz desenvuelto al pie de los montes.

Sobre la selva y sin alcanzar la altura de los montes, vuelan ocasionalmente algunas aves de alas fatigadas.

Vislumbre del día aciago

El prado fenece en una arboleda. Los vegetales, de un verde luctuoso, prosperan libremente al aire embebido, fiados al Sol mortecino. Un ave friolenta, de gorjeo tenue, sube en demanda de la luz. Vuela y trina en medio de un débil esplendor blanco. Posa alguna vez sobre el techo rojo de un edificio, mansión de dos pisos, aislada y abandonada.

Lamenta la primavera transparente, cuando revolaba, trazando orbes y rayas fugaces. Soporta diluvios y torbellinos, meteoros de la estación maligna. Observa el reposo de las nubes y de las sombras amontonadas. Recibe la sugestión de la tierra letárgica y permanece inmóvil, sumada al panorama desanimado.

Resiste las energías calamitosas, soltadas de su cárcel nocturna, juntando los débiles alientos de sí misma, acostumbrada a las oscilaciones de la naturaleza inmortal; y guarda semejanza con el espectador de una escena litúrgica, preliminar del retorno indefectible del júbilo, comentada por el viento en su triste pífano.

La cuna de Mazeppa

Un aura fácil propaga la querella de la tierra cubierta de ruinas, lastimada por el invierno y su saña de vencedor. La estación nueva espira un fuego vital, preludio del bullicio. Los ánades retornaron a los pantanos deshelados, y turban la superficie de azogue. Humilde flor esporádica supera al yerbazal fecundo, tapiz de la sabana, mullido por la primavera. Los tallos surgen a porfía, delgados y briosos, del agua superficial, derramada. El Sol diferencia los tonos del verde en las ondulaciones de la pradera agitada por el viento, y una nube proyecta la sombra de su vuelo. Aves de rapiña circulan frecuentes en las alturas del aire, y desde allí registran su dominio o lo recorren con determinación de mensajeros. El cielo, de azul nítido, baja en redondo sobre el yermo, criadero de lobos, y un jinete, embutido en su hábito de felpa, cruza a galope en demanda de una ciudad de cúpulas doradas.

El avenimiento de Sagitario

Yo había escapado la saña de mis enemigos, retirándome dentro del país, al pie de las montañas, de donde bajan, en son de guerra, las tribus homicidas. Había dejado la ciudad nativa y su alegre ensenada al arbitrio de una facción vehemente..

Me había seguido la cautiva meditabunda, a quien rescaté de los piratas, seducido por su belleza grave. Solo se animaba al recordar el suelo de su nacimiento, donde las selvas de ébano prosperan cerca del océano infecundo.

Mis huéspedes temían haber ofendido a su dios aborigen, arquero vengativo. Lo creían deseoso de continuar entre los hiperbóreos, moradores, en casa de madera, de un clima propicio, donde una luz vaga reposa los sentidos.

Autoritarios sacerdotes, negados al regalo, buscaban reconciliarlo por medio de una ceremonia decisiva. Me impusieron la separación de mi compañera y el sacrificio de su vida.

Partió de mí con adiós interminable, despertador de la compasión.

Un galope solitario y el aire trémulo de saetas invisibles anunciaban, al mediar la noche, el retorno del numen.

Santoral

El monje vive en la caverna, originada de pretéritos asaltos del mar. El agua vehemente consiguió practicar un portillo c:; n la roca.

La costa retorcida, alba de tantas olas, es la orla del manto de la noche cerrada.

La aspiración de las criaturas al infinito se torna angustiosa bajo el peso de la sombra. Adivinan y sienten el cerco de un cautiverio.

Seres informes se deslizan por el aire fluido. Son agentes del mal, anteriores al nacimiento de la tierra, más poderosos en el cambio de la estación.

El monje está rodeado por las tentaciones del miedo. Acude al oficio de la media noche, aprendido de una hermandad sigilosa.

El socorro del cielo fuga las potencias enemigas de la luz. Se manifiesta en el trueno hondo y espacioso, en el relámpago entrecortado.

La faz del monje conserva para siempre el estupor de la noche del prodigio.

A orillas del mar eterno

Los vientos recorren a galope el estadio del mar, sacan sones profundos de las naves, provocan sonoras palpitaciones en el velamen, y arrastran las olas a una vida más bulliciosa y efímera. Una montaña de cuesta dificultosa proyecta lejos su vaga sombra, dando al mar la oscuridad de un espejo envejecido.

Los vientos bullen bajo una zona del aire, adornada con distinta gaviota inmóvil, un pájaro de vida rutinaria y tediosa, avezado a las alturas de los mástiles, donde culmina el tremendo pulso del piélago. Observa la retirada lenta del Sol, del cual recibe trémula aureola.

Las naves padecen sacudidas bruscas, semejando bestias amodorradas y en descanso penoso. Desentonan con espeso color negro en medio de la tarde avanzada. Su reposo pronostica navegaciones raudas, bajo el impulso de las velas sopladas.

El aire se llena con los sones bárbaros del agua, en los que se declara una fuerza profunda; ellos componen un cántico infinito, concertado herméticamente con otras armonías distantes. Su rumor canta la huella rutilante del Sol descendente y reconstituye, en la gradual oscuridad nocturna, la voz del abismo primordial.

Geórgica

Los dolientes, portando ramos de ciprés, hollaban el camino de los sepulcros. Cantaban a una sola voz trenos lentos, de ternura íntima, extinguidos en breve espacio. Aquellos gemidos, propagados en el oquedal, morían a la luz de un ocaso lívido. Todos vestían de lienzo blanco en la procesión ocupada de contentar los mares.

Una mujer avanzaba en medio del concurso, juntado para el aniversario de su hija, doncella muerta el pasado otoño; y lo presidía con la dignidad de un sentimiento venerable. El séquito constaba de paisanos, acudidos de los escondites de la campiña, sensibles a la memoria de la virgen finada, y dispuestos a sublimarla con los títulos de nueva deidad rural, tutelar de sus faenas.

Siguieron hasta posar en un rellano, donde algunas piedras, arrimadas a un árbol austero, defendían la fosa y componían la mesa de un altar. Dejaron el canto por el sacrificio de un animal negro, dedicado a los poderes tenebrosos, conforme un rito inmemorial; y dos mozos gentiles tributaron las primicias de su numen, porfiando a sobresalir en las endechas.

Recordaron la hermosura de la joven, los prodigios contemporáneos de su muerte y el acto de sepultarla bajo una lluvia opaca. Todos callaron a la primera anunciación de la Luna, y de su esplendor escaso, dejaron encendida una antorcha simbólica, y se dividieron y se alejaron consolados por la noche apacible.

El romance del bardo

Yo estaba proscrito de la vida. Recataba dentro de mí un amor reverente, una devoción abnegada, pasiones macerantes, a la dama cortés lejana de mi alcance.

La fatalidad había signado mi frente.

Yo escapaba a meditar lejos de la ciudad, en medio de ruinas severas cerca de un mar monótono.

Allí mismo rondaban, animadas por el dolor, las sombras del pasado.

Nuestra nación había perecido resistiendo las correrías de una horda inculta.

La tradición había vinculado la victoria en la presencia de la mujer ilustre, superviviente de una raza invicta. Debía acompañarnos espontáneamente, sin conocer su propia importancia.

La vimos, la vez última, víspera del desastre, cerca de la playa, envuelta por la rueda turbulenta de las aves marinas.

Desde entonces, solamente el olvido puede enmendar el deshonor de la derrota.

La yerba crece en el campo de batalla, alimentada con la sangre de los héroes.

Las formas del fuego (1929)

Las ruinas

Sentía bajo mis pies la molicie del musgo de color de herrumbre, aficionado a la humedad. Proliferaba sobre el tejado y en la rotura de las paredes y de las ménsulas.

Sobre la maciza escalinata había corrido un tropel de caballos alados y de zueco de hierro, a la voz de un héroe imberbe, lisonjeado por la victoria. Hería con una maza ligera y usual como un cetro, de cabeza redonda y armada de puntas metálicas.

Yo visitaba, después de un decenio, el palacio de techo hundido. La lluvia, descolgada perpetuamente a raudales, había desnudado, de su delgado tapiz de tierra, la roca de granito situada a los pies y delante del edificio. Su acceso había llegado a ser una cuesta difícil.

Yo me incliné delante de la imagen de un santo, aposentada en su vetusta hornacina, orlada de parietarias, y bajé a perderme en una senda de robles. Desde sus ramas bajaban hasta el suelo de arena los sarmientos péndulos de una flora adventicia.

Yo seguí por ese camino, solo y sin deponer la espada, y vine a sentarme, ansioso de meditar y de leer, en un apoyo de piedra, ceñido al pie de un árbol imprevisto.

Sus hojas amarillas y de un revés grisáceo vibraban al unísono del mar indolente y una de ellas, volando al azar, rozó mi cabeza y vino a llenar de fragancia las páginas de mi libro de Amadís.

El rito

Me habían traído hasta allí con los ojos vendados. Llamas sinuosas corrían sobre el piso del santuario en ciertos momentos de la noche sepulcral, subían las columnas y embellecían la flor exquisita del acanto.

Las cariátides de rostro sereno, sostenían en la mano balanzas emblemáticas y lámparas extintas.

Me propongo dedicar un recuerdo a mi compañero de aquellos días de soledad. Era amable y prudente y juntaba los dones más estimados de la naturaleza. Aplazaba constantemente la respuesta de mis preguntas ansiosas. Yo le llevaba algunos años.

El murió a manos de una turba delirante enemiga de su piedad. Me había dejado en la ignorancia de su origen y de, sus servicios.

Yo estuve cerca de abandonarme a la desesperación. Recuperé el sosiego invocando su nombre, durante una semana, a la orilla del mar y en presencia del Sol agónico.

Yo retenía un puñado de sus cenizas en la mano izquierda y lo llamaba tres veces consecutivas.

El talismán

Vivía solo en el aposento guarnecido de una serie de espejos mágicos. Ensayaba, antes de la entrevista con algún enemigo, una sonrisa falsa.

Había exterminado las hijas de los pobres; raptándolas y perdiéndolas desdeñosamente. Alberto Durero lo descubrió una noche en solicitud de una incauta. El galán se había provisto de un farol de ronda para atisbar a mansalva y volvió a su vivienda después de un rodeo infructuoso y sobre un caballo macilento. El artista dibujó, el día siguiente, la imagen del caballero en el acto de regresar a su guarida. Lo convirtió en un espectro cabalgante y le sustituyó el farol de ronda por un reloj de arena.

El caballero habita una casa desprevenida de guardianes, sumida en la sombra desde la puesta del Sol. No se cuenta de ningún asalto concertado por sus malquerientes.

Se abandona sin zozobra al sueño inerme. Fía su seguridad al efluvio de una redoma fosforescente, en donde guarda una criatura humana, el prodigio mayor del laboratorio de Fausto.

El mandarín

Yo había perdido la gracia del emperador de China.

No podía dirigirme a los ciudadanos sin advertirles de modo explícito mi degradación.

Un rival me acusó de haberme sustraído a la visita de mis padres cuando pulsaron el tímpano colocado a la puerta de mi audiencia.

Mis criados me negaron a los dos ancianos, caducos y desdentados, y los despidieron a palos.

Yo me prosterné a los pies del emperador cuando bajaba a su jardín por la escalera de granito. Recuperé el favor comparando su rostro al de la Luna.

Me confió el debelamiento y el gobierno de un distrito lejano, en donde habían sobrevenido desórdenes. Aproveché la ocasión de probar mi fidelidad.

La miseria había soliviantado los nativos. Agonizaban de hambre en compañía de sus perros furiosos. Las mujeres abandonaban sus criaturas a unos cerdos horripilantes. No era posible roturar el suelo sin provocar la salida y la difusión de miasmas pestilenciales. Aquellos seres lloraban en el nacimiento de un hijo y ahorraban escrupulosamente para comprarse un ataúd.

Yo establecí la paz descabezando a los hombres y vendiendo sus cráneos para amuletos. Mis soldados cortaron después las manos de las mujeres.

El emperador me honró con su visita, me subió algunos grados en su privanza y me prometió la perdición de mis émulos.

Sonrió dichosamente al mirar los brazos de las mujeres convertidos en bastones.

Las hijas de mis rivales salieron a mendigar por los caminos.

El castigo

El visionario me enseñaba la numeración valiéndose de un árbol de hojas incalculables. Pasó a iniciarme en las figuras y volúmenes señalándome el ejemplo del cristal y la proporción guardada entre las piezas de una flor. Descubría en el cuerpo más oscuro un átomo de la luz insinuante.

El visionario desaparecía al caer la tarde en un esquife de cabida superficial. Creaba la ilusión de zozobrar en una lejanía ambigua, en medio de un tumulto de olas. Yo miraba flotar las reliquias de su veste y de su corona de ciprés.

Volvía el día siguiente a escondidas de mí, usando el mismo vestido solemne de un sacerdote hebreo, conforme el ritual de Moisés.

Comentaba en ese momento el pasaje de un rollo de pergamino, escrito sin vocales. La portada mostraba la imagen del licaón, el lobo del África. Terminaba citando el nombre de los profetas vengativos y soltaba la faz de la mañana un himno grandioso donde se agotaba el torrente de su voz.

Dejé de verlo cuando se puso al habla temerariamente, a través del espacio libre, con un astro magnético.

La rotonda, en donde se había acogido, vino súbitamente al suelo, rodeada de llamas soberbias.

El emigrado

Quedé solo con mi hijo cuando la plaga mortífera hubo devastado la capital del reino venido a menos. El no había pasado de la infancia y me ocupaba el día y la noche.

Yo concebí y ejecuté el proyecto de avecindarme en otra ciudad, más internada y en salvo. Tomé al niño en brazos y atravesé la sabana inficionada por los efluvios de la marisma.

Debía pasar un pequeño río. Me vi forzado a disputar el vado a un hombre de estatura aventajada, cabellos rojos y dientes largos. Su faz declaraba la desesperación.

Yo lo compadecí a pesar de su actitud impertinente y de su discurso injurioso.

Pude alojarme en una casa deshabitada largo tiempo y acomodé al niño en una cámara de tapices y alfombras. El padecía una fiebre lenta y delirios manifestados en gritos.

El mismo hombre importuno vino a ofrecerme, después de una noche de angustia, el remedio de mi hijo. Lo ofrecía a un precio exorbitante, burlándose interiormente de mis recursos exiguos. Me vi en el caso de despedirlo y de maldecirlo.

Pasé ese día y el siguiente sin socorro alguno.

Yo velaba cerca del alba, en la noche hostil, cuando sentí, en la puerta de la calle, una serie de aldabonazos vehementes.

Me asomé por la ventana y solo vi la calle anegada en sombras. Mi hijo moría en aquel momento.

El hombre de carácter cetrino había sido el autor del ruido.

El real de los cartagineses

Los enemigos nos atacaban a mansalva, desde sus montes y derrocaderos. Las peñas de aquel lugar simulaban monolitos y columnas e igualaban, cuando menos, la estatura de un hombre.

Los cirujanos, imperturbables ante el lamento de los heridos, trabajaban día y noche extrayendo las flechas más insidiosas, provistas de uñas laterales en forma de anzuelo.

Uno de aquellos hombres bajó, en el secreto de la noche, hasta el pabellón de nuestro caudillo y le dio muerte sin provocar sospecha ni alarma. Nosotros admirábamos un sueño tan prolongado.

Capturamos al invasor cuando escapaba a su satisfacción, dejando muy atrás la raya de nuestro campo. Resistió, sin exhalar una queja, los suplicios más esmerados. No se inmutó cuando el verdugo, asistente de los cirujanos, le cercenó las manos y le soldó las arterias aplicando un hierro candente.

Los próceres del ejército se juntaron en senado venerable para escoger el nuevo caudillo. Uno de ellos optaba por el nombramiento de un jefe despreocupado y listo, capaz de remediar los ahogos del soldado. Veía en la juventud la garantía de la victoria y se esforzó hasta sacarme preferido.

Yo era el más joven de los capitanes.

La noche

Yo estaba perdido en un mundo inefable. Un bardo inglés me había referido las visiones y los sueños de Endimión, señalándome su desaparecimiento de entre los hombres y su partida a una lejanía feliz.

Yo no alcanzaba la suerte del pastor heleno. Recorría el camino esbozado en medio de una selva; hacia el conjunto de unas rocas horizontales, simulacro distante de una vivienda. Desde la espesura, amenazaban y rugían las alimañas usadas por los magos de otro tiempo en ministerios perniciosos.

Un escarabajo fosforescente se colgó de mis hombros. Yo había distinguido su imagen sobre la tapa de un féretro, en la primera sala de un panteón cegado.

La Luna mostraba la faz compasiva y llorosa de Cordelia y yo gobernaba mis pasos conforme su viaje erróneo. Salí a la costa de un mar intransitable y fui invitado y agasajado por una raza de pescadores meditabundos. Suspendían las redes sobre los matojos de un litoral austero y vivían al aire libre, embelesados por una luz cárdena difundida en la atmósfera. Hollaban un suelo de granito, el más viejo de la tierra.

La sala de los muebles de laca

La hetaira colocó sus pies encima de un escabel de marfil y comenzó a pulsar un laúd de veinte cuerdas dobles. Alteraba a voluntad la longitud de esas cuerdas por medio de unos trastes móviles.

Se inquietaba por la suerte de un pintor de ánades, perdido en la muchedumbre de Cantón o en sus garitos. Los jugadores desleales habían minado con paciencia de topos el suelo de los suburbios.

La hetaira se encontraba sojuzgada por una aspirante al amor del ausente. Imploraba en vano el socorro de una imagen de yeso, armada de un cetro de mandarín y agorera de la felicidad.

La rival conseguía retener al prófugo en el sitio de mayor peligro, en el estrado de los fumadores de opio. El se distinguía para ese momento entre los alucinados y furiosos.

La rival perspicaz se felicitaba de haber sumido al pintor en la desdicha. Anunciaba el éxito final de su maniobra al quemar en el fuego, sin producir ceniza, una piedra de virtud fecunda.

La plaga

Mi compañero, inspirado de una curiosidad equivoca y de una simpatía vehemente por los seres abatidos y réprobos, andaba de brazo con una joven extraviada.

Intenté disuadirlo de semejante compañía, alegando el porte censurable de la mujer, afectada por la memoria de un hermano vesánico, autor de su propia muerte.

Nos separamos una noche memorable. Las fortunas se hacían y deshacían en el garito de mayor estruendo. Los reverberos derramaban una luz clorótica y aguzaban la fisonomía de los tahúres. La angustia electrizaba el aire del recinto y reprimía el aplauso y la risa de las mujeres livianas.

Una muchedumbre de insectos alados, cayó, el día siguiente, sobre la ciudad y difundió una peste contagiosa. Sus larvas se domiciliaban en los cabellos de los hombres y desde allí penetraban a devorar el encéfalo, socorridas de un mecanismo agudo. Arrojaban de sí mismas un estuche fibroso para defenderse de alguna loción medicinal. Herían, de modo irreparable, los resortes del pensamiento y de la voluntad. Los infectados corrían por las calles dando alaridos.

Mi compañero se resistió a mi consejo de huir y vino a perecer, sin noticia de nadie, en su vivienda del suburbio.

Los naturales del reino se abstenían de pisar el contorno de la ciudad precita. Los agentes del orden asentados en lugares oportunos, impedían la visita de los rateros y circunscribían la zona del mal.

Yo arrostré la prohibición y conseguí descubrir la suerte de mi amigo. Abrí, después de algún forcejo, la puerta de su casa y lo vi tendido en el suelo, mostrando haberse revolcado.

Unas arañas, de ojos fosforescentes y de patas blandas y trémulas, saltaban ágilmente sobre su cadáver. La nueva ralea había despoblado la ciudad, corriendo en pos de los supervivientes.

El retórico

Una lámpara de arcilla, usada por los romanos, perfila una figura de sombra en la pared. El discípulo de los alejandrinos combate la victoria del cristianismo, afeando la sandez y la ignorancia de sus fundadores y eclipsando la austeridad de los feligreses por medio de una sobriedad elegante y recatada. Escribe disertaciones para contrastar la fábula necia de los hijos del desierto con el mito juvenil de los helenos. Observa en torno de sí una humanidad inferior, empecinada en el seguimiento de una doctrina basta y absurda y se da cuenta de haberse extinguido la clase privilegiada del senador y del oficiante. Mira en la conspiración universal, dirigida al exterminio del júbilo y a la ruina de la belleza, el retorno y el establecimiento definitivo de los antiguos fantasmas del caos y de la nada y se arroja en brazos de la desesperación. Acaba de saber el sacrificio de Hipatia en un desorden popular, animado contra la fama y la existencia de la mujer selecta por la envidia de unos monjes cerriles, y decide refugiarse y perecer de hambre en el santuario de las Musas.

El nómade

Yo pertenecía a una casta de hombres impíos. La yerba de nuestros caballos vegetaban en el sitio de extintas aldeas, iguales con el suelo. Habíamos esterilizado un territorio fluvial y gozábamos llevando el terror al palacio de los reyes vestidos de faldas, entretenidos en juegos sedentarios de previsión y de cálculo.

Yo me había apartado a descansar, lejos de los míos, en el escombro de una vivienda de recreo, disimulada en un vergel.

Un aldeano me trajo pérfidamente el vino más espirituoso, originado de una palma.

Sentí una embriaguez hilarante y ejecuté, riendo y vociferando, los actos más audaces del funámbulo.

Un peregrino, de rostro consumido, acertó a pasar delante de mí. Dijo su nombre entre balbuceos de miedo. Significaba Ornamento de Doctrina en su idioma litúrgico.

La poquedad del anciano acabó de sacarme de mí mismo. Lo tomé en brazos y lo sumergí repetidas veces en un río cubierto de limo. La sucedumbre se colgaba a los sencillos lienzos de su veste. Lo traté de ese modo hasta su último aliento.

Devolvía por la boca una corriente de lodo.

Recuperé el discernimiento al escuchar su amenaza proferida en el extremo de la agonía.

Me anunciaba, para muy temprano, la venganza de su ídolo de bronce.

Fragmento apócrifo de Pausanias

Teseo persiguió el ejército de las amazonas, cautivó su reina y la sedujo. La tropa de las mujeres huyó sobre el Bósforo congelado, montada en caballos de alzada soberbia. Una de ellas murió en el sitio de su nombre, donde los atenienses la recuerdan y la honran. Las fugitivas volvieron a perderse en la estepa de su nacimiento, socorridas de la brumazón.

Un autor anónimo refiere las valentías del hijo de Teseo y de la amazona cautiva. Se atrevió a solicitar el amor de la sacerdotisa de un culto severo, dedicado a una divinidad telúrica, reverenciada y temida por los esclavos asiáticos.

El joven licencioso contrajo una rara enfermedad de la mente y vagaba delirando por la ciudad y su campiña, amenazando con volverse lobo.

Teseo escucha el parecer de viajeros memoriosos, habituados a la nave y a la caravana, y manda por un médico hasta el valle del Nilo.

El sabio se presentó al cabo de un mes y consiguió sanar al mozo delirante por medio de la palabra y envolviéndolo en el humo de una resina balsámica.

Teseo fiaba en la medicina de los egipcios y los tenía por el pueblo más sano y longevo de la tierra.

El médico dejó, en memoria de su paso, una efigie de su persona. Yo la he visto entre los simulacros y ensayos de un arte rudimentario.

La figura del egipcio, de cráneo desnudo, mostraba la actitud paciente y ensimismada de un escriba de su nación.

El convite

Thais era una cortesana de la antigüedad. Su nombre constaba en la obra perdida de Menandro. El tiempo respetaba su juventud y yo no he encontrado en los residuos de la era clásica ninguna señal de su muerte.

He leído una hazaña de su perfidia en un documento reconstituido. Si yo no revelara a los hombres ese episodio, faltaría a los consejos de la moral de Plutarco.

Thais atrajo sus amantes a una celada, después de reconciliados mutuamente. Se acomodaron en unas curules de marfil, dignas de un senado de reyes. La mujer los dejó maravillados y suspensos con la bizarría de su imaginación y les ciñó una corona de adormideras, mientras arrojaba al fuego un laurel seco. Ese laurel había bastado para defender la vida de un héroe en la empresa de visitar los infiernos.

Los invitados quedaron embelesados y perdidos en la incertidumbre.

Thais había abolido su entendimiento y les había inspirado la ilusión de estar siempre en medio de los preludios del alba. Oían a veces un himno desvanecido en la bruma cándida. Lo entonaban unas jóvenes coronadas de jacintos.

Las arpías y las quimeras tejían un vuelo circular y bajaban a colgarse de los brazos de un árbol insociable.

El retrato

Yo trazaba en la pared la figura de los animales decorativos y fabulosos, inspirándome en un libro de caballería y en las estampas de un artista samurai.

Un biombo, originario del Extremo Oriente, ostentaba la imagen de la grulla posada sobre la tortuga.

El biombo y un ramo de flores azules me habían sido regalados en la casa de las cortesanas, alhajada de muebles de laca. Mi favorita se colgaba afectuosamente de mi brazo, diciéndome palabras mimosas en su idioma infranqueable. Se había pintado, con un pincel diminuto, unas cejas delgadas y largas, por donde resaltaba la tersura de nieve de su epidermis. Me mostró en ese momento un estilete guardado entre su cabellera y destinado para su muerte voluntaria en la víspera de la vejez. Sus compañeras reposaban sobre unos tapices y se referían alternativamente consejas y presagios, diciéndose cautivas de la fatalidad. Fumaban en pipas de plata y de porcelana o pulsaban el laúd con ademán indiferente.

Yo sigo pintando las fieras mitológicas y paso repentinamente a dibujar los rasgos de una máscara sollozante. La fisonomía de la cortesana inolvidable, tal como debió de ser el día de su sacrificio, aparece gradualmente por obra de mi pincel involuntario.

El desesperado

Yo regaba de lágrimas la almohada en el secreto de la noche. Distinguía los rumores perdidos en la oscuridad firme.

Había caído, un mes antes, herido en un lance comprometido. La mujer idolatrada rehusaba aliviar, con su presencia, los dolores inhumanos.

Decidí levantarme del lecho, para concluir de una vez la vida intolerable y me dirigí a la ventana de recios balaustres, alzada vertiginosamente sobre un terreno fragoso.

Esperaba mirar, en la crisis de la agonía, el destello de la mañana sobre la cúspide serena del monte.

Provoqué el rompimiento de las suturas al esforzar el paso vacilante y desfallecí cuando sobrevino el súbito raudal de sangre.

Volví en mi acuerdo por efecto de la diligencia de los criados.

He sentido el estupor y la felicidad de la muerte. Un aura deliciosa, viajera de otros mundos, solazaba mi frente e invitaba al canto los cisnes del alba.

El sopor

No puedo mover la cabeza amodorrada y vacía. El malestar ha disipado el entendimiento. Soy una piedra del paisaje estéril.

El fantasma de entrecejo imperioso vino en el secreto de la sombra y asentó sobre mi frente su mano glacial. A su lado se esbozaba un mastín negro.

He sentido, en su presencia y durante la noche, el continuo fragor de un trueno. El estampido hería la raíz del mundo.

La mañana me sobrecogió lejos de mi casa y bajo el ascendiente de la visión letárgica.

El Sol dora mis cabellos y empieza a suscitar mis pensamientos informes. Caído sobre el rostro, yo represento el simulacro de un adalid abatido sobre su espada rota, en una guerra antigua.

El riesgo

Las orquídeas se criaban en medio de la fiebre, encima de unos árboles revestidos de parásitos y roídos de hormigas. El Sol multiplicaba los recursos del suelo húmedo y alentaba una vegetación ilesa, escondite de animales pérfidos. Yo distinguía entre la oscuridad del matorral los ojos fosforescentes de las fieras.

Yo menosprecié el peligro y subí resueltamente las gradas de una pirámide rota, disimulada entre la selva.

Un águila, enemiga de las sabandijas y dragones terrestres, se había posado sobre una máscara de granito, de proporciones descompasadas y de ojos huecos, destituidos de párpados. Recordaba la mirada obvia y directa de ciertos monstruos de la naturaleza. La máscara de granito, embellecida con algunos atavíos, habría igualado exactamente la imagen de una princesa del tiempo de los Faraones, rodeada de admiradores lunáticos en un museo de Europa.

La presencia del águila bastaba a disipar el maleficio difundido por aquella reliquia de una idolatría sanguinaria y frustraba la amenaza de las fieras consagradas.

Un viejo de aquella redonda se había empeñado en velar por el éxito de mi exploración y me había prometido el auxilio de su volátil gentilicio.

El hidalgo

He salido a cabalgar fuera de la ciudad, al principio de una tarde plácida. El campo muestra los colores ambiguos y frágiles de un espejismo.

Reconstituyó el pasaje de una guerra lastimosa, donde se agotó mi juventud. Salí sin escolta, lejos de una fortaleza amenazada, a la campaña rasa, en medio del asombro de mis compañeros de armas. El recuerdo orgulloso compensa ahora el sentimiento de los años pretéritos.

Ejecuté la hazaña al otro día de una ocasión memorable. El más fraternal de los camaradas me había conducido a la presencia de su prometida. Correspondí a la urbanidad de la mujer lozana permaneciendo mudo y con los ojos bajos. Me retiré fingiendo una súbita ausencia de la atención y de la memoria.

Decido terminar el paseo vespertino y volver al refugio de mi casa, a componer, según mi costumbre, la viva y alucinante representación de esa entrevista, donde empieza la agonía de mi alma impar. Las vislumbres del relámpago marcan la franja de la noche recién iniciada del mes de agosto. Yo pienso en los signos de fuego, presagios del infortunio, descifrados por un visionario en la sala de un rey maldito.

Regreso por la calle modesta y sin lumbre, donde he escogido mi morada. Conduzco la cabalgadura al sitio de su reposo y me encierro en la sala defendida por las puertas viejas y resonantes.

Yo padezco, sumergido en la sombra, la ceguedad de una estatua de mármol y su tristeza inmortal.

El remordimiento

El gentil hombre pinta a la acuarela una imagen de la mujer entrevista. La vio en el secreto de su parque, aderezada para salir a caza, en medio de una cuadrilla de monteros armados de venablos. El gentil hombre imprime la visión fugaz, marca la figura delgada y transparente., Los caballos salieron a galope, ajando la hierba de la pradera lustrada por la lluvia. El gentil hombre se incorporó a la cabalgata, de donde toma la escena para el arte de su afición..

Recuerda las peripecias y los casos de la partida y, sobre todo, la muerte de su rival, precipitado dentro de un foso inédito en el curso de la carrera.

El gentil hombre fue inhábil para salvar la vida del jinete y llega hasta considerarse culpable. Abandona el pincel y se cubre con las manos el rostro demudado por las sugestiones de una mente sombría.

La verdad

La golondrina conoce el calendario, divide el año por el consejo de una sabiduría innata. Puede prescindir del aviso de la Luna variable.

Según la ciencia natural, la belleza de la golondrina es el ordenamiento de su organismo para el vuelo, una proporción entre el medio y el fin, entre el método y el resultado, una idea socrática.

La golondrina salva continentes en un día de viaje y ha conocido desde antaño la medida del orbe terrestre, anticipándose a los dragones infalibles del mito.

Un astrónomo desvariado cavilaba en su isla de pinos y roquedos, presente de un rey, sobre los anillos de Saturno y otras maravillas del espacio y sobre el espíritu elemental del fuego, el fósforo inquieto. Un prejuicio teológico le había inspirado el pensamiento de situar en el ruedo del Sol el destierro de las almas condenadas.

Recuperó el sentimiento humano de la realidad en medio de una primavera tibia. Las golondrinas habituadas a rodear los monumentos de un reino difunto, erigidos conforme una aritmética primordial, subieron hasta el clima riguroso y dijeron al oído del sabio la solución del enigma del universo, el secreto de la esfinge impúdica.

El presidiario

La aldea en donde pasé mi infancia no llegaba a crecer y a convertirse en ciudad. Las casas de piedra defendían difícilmente de la temperatura glacial. Habían sido trabajadas conforme un solo modelo desusado.

Durante el breve estío dejaba a mi padre en su retiro habitual y salía fuera de poblado a correr tras de unos ánades holgados en la pradera. Yo esperaba alcanzarlos en su fuga a ras del suelo. Mis vecinos indolentes no se ocupaban de perseguirlos..

No podía intentar otro medio de cazar las aves sino el de apresarlas con la mano. Yo carecía de arco y de honda y las piedras no se daban en aquel distrito.

Mi padre vino a morir de una fiebre exigua y tenaz. Se había visto en el caso de beber el agua de las ciénagas. Su organismo se redujo a la voz cavernosa y a los ojos brillantes. Proveyó hasta el último aliento a mi invalidez de niño.

Habría perecido de inanición si no me socorre un militar destinado a guarnecer un pueblo más ameno, asentado en una rada espaciosa. Me tomó de la mano el día del entierro y me llevó consigo. Los murmuradores me llamaban el hijo del deportado.

Yo crecí a la sombra del militar caritativo. Se violentaba al verme desidioso y pusilánime. Yo me resistí a seguirlo cuando le retiraron el nombramiento y lo pasaron a un puerto del Mar Negro. La pesadumbre le impedía hablar cuando me abrazó por última vez.

Caí desde ese momento en la mendicidad. Los consejos de un perdulario me alentaron al delito y me trajeron al presidio. Dedico las horas usuales del día a trasportar unas piedras graves de alzar hasta el hombro.

El consejero de mi infortunio me visita en el curso de la noche inmóvil, cuando yazgo sobre el suelo de mi celda. Me fascina de un modo perentorio, con los sones de su flauta originada de la tibia de un ahorcado.

El ciego

El teólogo se había tornado macilento y febril. Meditaba sin tregua una idea mortal y recorría, en solicitud de alivio, los infolios cargados sobre los facistoles o derramados sobre el pavimento.

Los autores de aquellos volúmenes habían envejecido en el retiro escuchando los avisos de una conciencia tímida. Salían de sus celdas para despertar, con sus argumentos, el asombro de las universidades.

El teólogo demandaba el socorro de un crucifijo sangriento, después de registrar con la mirada las imágenes de unos diablos de tres cabezas y armados de tridentes, en memoria y representación de los pecados capitales. Un escultor de la Edad Media había usado tales figuras al componer la filigrana de una abadía.

Yo me insinué en la amistad del penitente y lo insté a confiarme la razón de su inquietud. Pretendió retraerme de la pregunta usando alternativamente de efugios y amenazas. Se paseaba en ese momento bajo el estímulo de una alucinación apremiante.

Yo vine a quedar de rodillas al dirigirle el ruego más apasionado.

El impuso la mano sobre mi frente y consistió en asociarme a su visión terrible.

La vista de los suplicios infernales se fijó profundamente en mis sentidos y me siguió de día y de noche, hundiéndome en la desesperación.

Encontré mi salud cegando voluntariamente. He abolido mis ojos y estoy libre y consolado.

El adolescente

Yo recorría, durante las vacaciones, la costa del Adriático. Holgaba en un esquife inseguro, pintado de blanco, parecido al cisne velívolo, enemigo del fuego en la fábula de Ovidio.

Yo recogía de mi trato con los pescadores la historia de los héroes de la montaña y del mar y confrontaba su discurso ingenuo con algún pasaje egregio de Tito Livio, en donde se adivina la amenaza de los piratas de Iliria.

He reverenciado en más de un blasón inerme la autoridad de Venecia y la de Ragusa, la rival de estirpe eslava.

Yo juntaba las memorias de la antigüedad pagana con las emociones del drama alegre o sombrío de Shakespeare y había dejado, en más de una ocasión el escrutinio de un texto difícil para sosegar las mujeres de mi fantasía, atemorizadas por un duende travieso de la Noche de Verano.

Yo había salido de mi recogimiento en la isla del tedio y renunciado mis hábitos de niño y pisaba ahora un castillo de edad incierta. Nadie recordaba el nombre de sus dueños.

Una mujer espiaba mis pasos desde una ventana circular, semejante a un rosetón, y yo distinguí en su faz la dignidad y el desvío de Olivia.

Mar latino

Estoy glosando el pasaje de la *Ilíada* en donde los ancianos de Troya confiesan la belleza de Helena. Me escucha una mujer floreciente del mismo nombre. Los dos sentimos la solemnidad de es momento de la epopeya y esperamos el fragor del desastre suspendido sobre la ciudad.

Agamenón, el rey de las mil naves, puede apresurar, apellidándolas, el desenlace de la contienda.

La sucesión de los visos del mar, presentes en la memoria de Homero, desaparece bajo el único tinte de la sangre.

La mujer me invita a dejar el recuento de las calamidades fabulosas y a seguir el derrotero de una fantasía más serena, en demanda de unas islas situadas en el occidente. Horacio las recordaba cuando quería descansar de los males contemporáneos.

Yo emprendo la excursión irreal sirviéndome de los residuos lapidarios de una leyenda perdida. Nuestro bajel solicita, a vela y remo, los jardines quiméricos del ocaso. Nos hemos fiado a un piloto de la Eneida. Su nombre designa actualmente un promontorio del Tirreno. La voz mágica de mi compañera fuga las sirenas ufanas de sus cabellos, en donde se enredan las algas y los corales, y se muda en un canto flébil. Invita a comparecer, bajo el cielo de lumbre desvanecida, la hueste de larvas subterráneas, mensajeras de un mundo espectral.

La suspirante

La hermosa ha regresado de muy lejos. Se encierra nuevamente en su cámara inaccesible, satisfaciéndose con el mueble esbelto y la baratija exótica. Impone el recuerdo de una era señorial, rodeándose de las escenas sucesivas de un tapiz.

La hermosa se pierde en la lectura de sucesos extravagantes, acontecidos en reinos imaginarios, y narrados con semblante de parodia. Vuelve sobre un pasaje burlesco, en donde alterna un pastor con el bufón expulsado de la corte.

La dama displicente se engolfa en las peripecias de un relato incomparable y suspende el entretenimiento cuando empieza una batalla entre caballeros y sobrenombres ínclitos.

La dama renuente, aficionada a las quimeras de la imaginación, sueña con huir de este mundo a otro ilusorio.

Nadie podría averiguar el derrotero de su fuga.

La hermosa vuela sobre los caminos cegados por la nieve y un búho solitario da el alarma en la noche fascinada por el plenilunio.

La alborada

El revuelo de las golondrinas impide la serenidad de la mañana celeste. Las aves seráficas observan su voto de júbilo y pobreza. Sugieren una emoción nostálgica y piadosa. Desaparecen repentinamente, inspirando la sospecha de acudir al llamamiento de un ermitaño benévolo y anciano.

Las iglesias vetustas de la ciudad episcopal, habitada por colegiales y doctores, conciertan ocasionalmente sus campanas.

El enfermo registra el contorno desde un balcón retirado profundamente en su casa hermética. Permanece, vestido de blanco, en una silla poltrona. Deja ver, en el rostro cándido y marchito, los efectos de un mal contraído desde la niñez.

Ha velado la noche entera, sintiendo los sones de una orquesta lejana, a través del aire veleidoso. La música insinuaba el pasatiempo de la danza en una sala radiante.

El enfermo ha desechado la fe de sus mayores. Sobrelleva el ocio prolijo siguiendo el pensamiento de filósofos desolados y réprobos y penetrando los secretos de los idiomas antiguos, de belleza lapidaria. Rememora la amenaza de la fatalidad, las leyes inexorables del universo en estrofas de sonoridad latina.

El enfermo se envuelve la faz con un lienzo recogido de sus hombros. Quiere ocultar a las miradas de su criada afectuosa el sentimiento de su última composición y la dice en voz baja y suave.

El poeta se burla del privilegio del genio, merced diabólica transformada en cenizas. La calavera del símbolo domina en su canto de soledad y amargura y anuncia, por medio de una trompeta de bronce, la soberanía perenne del olvido.

Rúnica

El rey inmoderado nació de los amores de su madre con un monstruo del mar. Su voz detiene, cerca de la playa, una orca alimentada del tributo de cien doncellas.

Se abandona, durante la noche, al frenesí de la embriaguez y sus leales juegan a herirse con los aceros afilados, con el dardo de cazar jabalíes, pendiente del cinto de las estatuas épicas.

El rey incontinente se apasiona de una joven acostumbrada a la severidad de la pobreza y escondida en su cabaña de piedras. Se embellecía con las flores del matorral de áspera crin.

La joven es asociada a la vida orgiástica. Un cortesano dicaz añade una acusación a su gracejo habitual. El rey interrumpe el festín y la condena a morir bajo el tumulto de unos caballos negros.

La víctima duerme bajo el húmedo musgo.

Dionisiana

Yo subí al mirador a celebrar una entrevista con Celimena en el comienzo del día. Se igualaba con las reinas de Homero por su habilidad en el diseño y en la ejecución de tejidos ornamentales. Despertaba la memoria de la esposa de Alcinoo en medio de sus criadas dóciles.

Sonreía ante la luz virginal de la mañana. Usaba los cabellos sueltos sobre el traje de raso verde, en donde unas piedras falsas completaban la imitación de un vestido célebre de Ana de Austria en el romance de los mosqueteros.

El mismo color se repetía en el manto del prado, en donde el azar había diseminado las gladiolas requeridas para la corona de un dios fluvial. El paraje, libre de amenaza, podía servir de escena al paseo de una doncella atribulada en el curso de una novela pastoril. Un caballo blanco sugería el caso de un palafrén licenciado.

Yo disertaba sobre la historia de los amantes ejemplares y su término desventurado. El semblante de la mujer y el sitio aislado y superior restauraban la hora de un siglo heráldico y traían a cuento el dúo frenético de una reina y de su cortejo.

Celimena se negaba al sinsabor de la tragedia, volvía la mente a las seducciones del pasado veneciano y las sumaba a la realidad festiva, de donde había desterrado el pensamiento del mal y de la muerte. Se proponía sustraer del olvido y dejar a los venideros más distantes la imagen de su belleza desnuda, a semejanza de una heroína del Ticiano.

Ofir

La borrasca nos había separado del rumbo, arrojándonos fuera del litoral. Empezábamos a penetrar en la noche insondable del océano.

Oíamos el gemido de unas aves perdidas en la inmensidad y yo recordé el episodio de una fábula de los gentiles, en donde el héroe escucha graznidos al cruzar una laguna infernal. Los marineros, mudos de espanto, sujetaron a golpe de remo el ímpetu de la corriente y salieron a una ribera de palmas.

Yo vi animarse, en aquella zona del cielo, las figuras de las constelaciones y miré el desperezamiento del escorpión, autor de la caída de Faetonte.

Nosotros desembarcamos en la boca de un río y nos internamos siguiendo sus orillas de yerba húmeda. Los naturales nos significaron la hospitalidad, brindándonos agua en unas calabazas ligeras.

Subimos a reposar en una meseta y advertimos el dibujo de una ciudad en medio de la atmósfera transparente. La comparamos a la imagen pintada por la luz en el seno de un espejo.

El rey, acomodado en un palanquín, se aventuraba a recorrer la campiña, seguido de una escolta montada sobre avestruces. Gozaba nombre de sabio y se divertía proponiendo acertijos a los visitantes de su remo.

Unos pájaros de plumaje dispuesto en forma de lira, bajaban a la tierra con vuelo majestuoso. Despedían del pecho un profundo sonido de arpa.

Yo discurrí delante del soberano sobre los enigmas de la naturaleza y censuré y acusé de impostores a los mareantes empecinados en sostener la existencia de los antípodas.

El rey agradeció mi disertación y me llevó consigo, en su compañía habitual. Me regaló esa misma noche con una música de batintines y de tímpanos, en donde estallaba, de vez en cuando, el son culminante del sistro.

Salí el día siguiente sobre un elefante, dádiva del rey, a contemplar el ocaso, el prodigio mayor del país, razón de mi viaje.

El Sol se hundía a breve distancia, alumbrando los palacios mitológicos del mar.

El protervo

Nosotros constituíamos una amenaza efectiva.

Los clérigos nos designaban por medio de circunloquios al elevar sus preces, durante el oficio divino.

Decidimos asaltar la casa de un magistrado venerable, para convencerlo de nuestra actividad y de la ineficacia de sus decretos y pregones.

Esperaba intimidarnos al doblar el número de sus espías y de sus alguaciles y al lisonjeados con la promesa de una recompensa abundante.

Ejecutamos el proyecto sigilosamente y con determinación y nos llevamos la mujer del juez incorruptible.

El más joven de los compañeros perdió su máscara en medio de la ocurrencia y vino a ser reconocido y preso.

Permaneció mudo al sufrir los martirios inventados por los ministros de la justicia y no lanzó una queja cuando el borceguí le trituró un pie. Murió dando topetadas al muro del calabozo de piso hundido y de techo bajo y de plomo.

Gané la mujer del jurista al distribuirse el botín, el día siguiente, por medio de la suerte. Su lozanía aumentaba el solaz de mi vivienda rústica. Sus cortos años la separaban de un marido reumático y tosigoso.

Un compañero, enemigo de mi fortuna, se permitió tratarla con avilantez. Trabamos una lucha a muerte y lo dejé estirado de un trastazo en la cabeza. Los demás permanecieron en silencio, aconsejados del escarmiento.

La mujer no pudo sobrellevar la compañía de un perdido y murió de vergüenza y de pesadumbre al cabo de dos años, dejándome una niña recién nacida. Yo la abandoné en poder de unas criadas de mi confianza, gente disoluta y cruel, y volví a mis aventuras cuando la mano del verdugo había diezmado la caterva de mis fieles.

Muchos seguían pendientes de su horca, deshaciéndose a la intemperie, en un arrabal escandaloso.

Al verme solo, he decidido, esperar en mi refugio la aparición de nuevos adeptos, salidos de entre los pobres.

Dirijo a la práctica del mal, en medio de mis años, una voluntad ilesa.

Las criadas nefarias han dementado a mi hija por medio de sugestiones y de ejemplos funestos. Yo la he encerrado en una estancia segura y sin entrada, salvo un postigo para el paso de escasas viandas una vez al día.

Yo me asomo a verla ocasionalmente y mis sarcasmos restablecen su llanto y alientan su desesperación.

El justiciero

Yo era un prelado riguroso. Mi autoridad pesaba sin contemplaciones sobre un distrito fortificado. Mi palacio gobernaba el río de la frontera, de cauce irregular, alterado por el precipicio y la caverna. Mi estandarte, en figura de triángulo, mandaba con acento vigoroso el concierto de escarpas, reductos y atalayas.

Yo quería imponer, en su significación cabal, los dragantes de mi blasón. Me encarnizaba especialmente con los delitos de condescendencia y de flaqueza. Vivía sumido en la ventilación del problema de la gracia y del albedrío, y sustraído al hechizo de la naturaleza sensible.

Yo ordené el castigo inhumano del emparedamiento al saber el caso de una monja enamorada y permanecí impasible a la súplica de sus deudos arrodillados.

La infeliz se dirigió al sitio del suplicio al compás de una música sorda y llevando en la diestra el cirio de la penitencia. Yo me enfermé de un mal incurable al recibir, el día siguiente, la visita del progenitor de la víctima. El anciano había aprendido, en la compañía de las aves, un arte afectuoso. Habitaba, hasta ese momento, en la linde de una floresta, en la vecindad de los ruiseñores, y los había defendido de la saña innata del gavilán.

Las aves le habían referido, en trinos y gorjeos, el cuento de esa vieja enemistad, notada, desde el alba de la historia, en más de una teogonía venerable.

El anciano tañía el violón de un ángel filarmónico, visto por mí en una miniatura alegórica del paraíso.

Sus increpaciones, en el momento de alejarse, dieron al traste con mi severidad.

El venturoso

Yo salí, a la hora prohibida, del templo solar y me adelanté más allá de la torre coronada de una estrella, emblema y recuerdo de Hércules.

Acudí en servicio de una mujer desfallecida sobre la ribera de un mar inmóvil y de aguas negras, en donde zozobraba un arrebol extravagante. Ostentaba la corona de violetas de la penitencia y pedía a voces el alivio del sueño. Desapareció dejando en mis manos su veste de gasa lunar.

Yo había perdido el camino del regreso y seguí los pasos de un gato salvaje encarnizado en la persecución de un faisán.

Vine a dar en un paraje cerril y hallé gracia entre unos cazadores magnánimos. Combatían el elefante al arma blanca, auxiliados de unos perros de la casta maravillada por Alejandro, el vencedor de los persas. Uno solo bastaba para estrangular al león.

Adopté fácilmente sus costumbres. Se decían los preferidos del Sol y los hombres más cercanos de donde nace.

He llegado hasta presidir la única ceremonia de su religión. Elevan al amanecer un coro de lamentos en memoria del hijo de la Aurora, sacrificado por Aquiles.

El cortesano

La princesa de China me decía aquella tarde los versos de un poeta de vida orgiástica. El había muerto, poco tiempo antes, cayendo desde una balsa a las aguas de un río navegable.

Los versos decantaban el reposo de un saurio entre los nenúfares de una ciénaga y esa misma escena decoraba el lienzo rojo de un biombo: Yo había usurpado, con el fin de escucharla; una silla de marfil en donde acostumbraba acomodarse el consejero más docto y ceremonioso.

El papagayo de voz desapacible, posado en un aro de mimbre, eriza el pecho sonoro a la vista de una nube precipitada sobre el palacio de madera. Yo abominaba al pájaro importuno.

Anuncié desde la azotea el avance de un golpe de jinetes y la vibración de sus lanzas en el seno de una polvareda.

La princesa comenzó a farfullar, con el miedo impreso en la tez de nácar, y pudo contarme la maldad de aquellos vencedores y cómo abolían los ojos de sus víctimas, señalándolos al pico de unas grullas amaestradas.

No supe de la princesa en el curso del incendio provocado y agenciado por los jinetes. Resolvió sucumbir en la compañía de los suyos.

Los enemigos vociferaban, ebrios de un licor extraído del arroz, y yo me hurté a su vigilancia.

Me escondí en la pagoda vecina, respetada del saqueo, y adopté la vida y el hábito del bonzo. Yo sonrío al verme enfundado en mi vestido talar, de color amarillo y de mangas ampulosas. Permanezco subido en una meseta de mi templo, festonada de flores.

He conseguido sustraerme a la desconfianza de los jinetes y me insinúo con ellos.

Exploro alguna vez el asiento del palacio convertido en cenizas, de donde la princesa volvió al cielo, vivienda original de sus mayores.

Be escogido, para mi devoción y recogimiento, cada uno de los sitios en donde reconstituyo su presencia y adivino el vestigio de su borceguí de plata.

El fenicio

Para salir al océano se necesitaba navegar, tres días continuos, el río apacible. Yo detenía mi barco, al cerrar la noche, bajo la custodia de un árbol egregio. La proa estaba defendida por la cabeza de un monstruo alado.

Yo avizoraba sin descanso las riberas desiertas y no conseguía explicarme el abandono y la desidia de los pueblos circunvecinos.

Hacia el manantial del río apacible, muy dentro del continente, se alzaba el palacio de un rey ciego, en donde se dictaba una justicia inexorable.

Las víctimas bajaban, en esquifes azarosos, a perderse en la anchura del mar. Los naturales veían en las aguas salobres el abismo de donde salía la noche y su terror.

Recorrí aquellos parajes sin molestia alguna, y no alcancé a ver» hombres ni fieras.

Nacía el Sol cuando divisé, en medio del mar, la nave de mi salvamento, originaria del sur.

Pertenecía a unos comerciantes griegos, aventurados, hasta allí, en demanda del ámbar.

El sagitario

Subía la escalera de mármol negro en solicitud de mi flecha, disparada sin tino. La hallé clavada en la puerta de cedro, embellecida de dibujos simétricos.

Yo acostumbraba disparar el arco de plata, semejante al de Apolo, con el fin de interrogar a la fortuna. Yo estaba a punto de salir en un bajel de vela cuadrada y no fiaba sino en los de vela triangular. Había crecido satisfaciendo mis veleidades y caprichos.

Una mujer salió a espaldas de mí, se adelantó resueltamente a desprender la flecha trémula y me la alargó sin decir una palabra. Su presencia había impedido el acierto de mi disparo. Yo reconocí una de las enemigas de Orfeo.

Quedé prendado de aquella mujer imperiosa, ataviada con la piel de una pantera. Creí haberla visto a la cabeza de una procesión ensañada con las ofrendas tributadas al mausoleo del amante de Eurídice. Su gesto de cólera desentonaba en la noche colmada.

Defendí una vez más las cenizas del maestro y espanté la turba de las mujeres encarnizadas, simulando, desde una arboleda, rugidos salvajes. Yo esperaba sufrir de un momento a otro el desquite de aquella estratagema.

La mujer subió conmigo dentro de la nave y llamó despóticamente a su servicio las fieras del mar, ocultas en los arrecifes. Los marinos se entendieron con la mirada y escogieron un rumbo nuevo. El Sol trazó varias veces el arco de su carrera sobre el circuito de las aguas. Un ave desconocida volaba delante de nosotros.

Yo fui abandonado a mis propios recursos en un litoral cenagoso, desde donde se veía, a breve distancia, un monumento consagrado a las furias.

Yo descubrí el nombre del sitio recordando una lamentación de Orestes.

Montería

Yo me había fatigado corriendo tras de los carneros salvajes.

Hube de aliviar la sed en un pozo de agua salobre. Allí mismo quise restablecerme de una topetada. La sal había cristalizado en las orillas, en forma de nácar.

Los jóvenes de mi edad habían sido igualmente maltratados al perseguir aquellos animales irreductibles. Ninguno había sido victimado ni cogido en cepo. Se les asignaba una vida tenaz.

Oculté el daño recibido en el curso de la caza y no la referí a mis compañeros. Me recogí en mi cortijo al caer la tarde y quise envolverme en el humo de una hoguera de enebro. Yo gustaba singularmente de este leño perfumado y había juntado un haz de sus ramas al volver de la correría azarosa.

El aroma exhalado del fuego me inspiró una embriaguez dominante y desenvolvió en mi presencia una avenida de estatuas monumentales. Las cabezas estilizadas imitaban exactamente la testa de las fieras hurtadas a mi persecución.

Yo reconocí, desconcertado, un pasaje de Tebas, la ciudad de las cien puertas.

Bajo el velamen de púrpura

Yo había pasado la mitad de la noche a la vista de las frías constelaciones y vine a recogerme y a dormir en una sopeña, a la manera de Orfeo.

Hallaba menos al joven compañero de mis fatigas. El era hijo de un rey precipitado de su trono y había llegado hasta mí después de recorrer climas distintos.

Me apareció en sueños y me refirió su muerte a manos de unos cabreros insensibles. Su cuerpo había sido abandonado en un desierto de piedras. Allí reptaban pesadamente unos vestiglos nacidos del océano.

Gimió inconsolable hasta el momento de tenderle mi diestra, en seguridad de mi culto por su memoria. El temía especialmente a un sepulturero de la vecindad, encarnizado en romper la cabeza de los difuntos. Se retiró en paz, prometiéndome su inmediato retorno al originario torbellino del Sol.

Yo entregué al fuego su cadáver en la mañana del día siguiente. Guardo sus cenizas en una urna de ciprés incorruptible, para sumarlas a las de mí mismo el día supremo y esa urna es el único tesoro ganado por mí en este viaje involuntario.

El lapidario

El sentimiento del ritmo dirigía los actos y los discursos de la mujer. Dante habría señalado el valor de las cifras mágicas al criticar la fecha de su nacimiento y la de su muerte.

Volvieron sus cenizas del destierro en un país secular. El amor deshojaba, desde la nave taciturna, un ramo de azucenas en el mar de las olas fúnebres.

Yo divisaba desde una altura el arribo de sus reliquias y la escolta de los dolientes y me retraje de incorporarme al duelo.

He dibujado a golpes de cincel un signo secreto en la frente de una piedra volcánica, respetada en medio de la erosión del litoral y vecina del puerto del regreso.

El signo comprende mi nombre y el de la muerta y ha sido esculpido con la exquisitez de una letra historiada. Lo he inventado para despertar en los venideros, porfiados en calar el sentido, un ansia inefable y un descontento sin remedio.

El alumno de Tersites

Yo me había internado en la selva de las sombras sedantes, en donde se holgaba, según la tradición, el dios ecuestre del crepúsculo. Era un sagitario retirado del mundo y sustraído a la alegría y recibió por ello el castigo de una muerte anticipada. El numen de la luz le guardó un duelo continuo y le encomendó la hora ambigua del día.

Su amada había recibido la merced de la inmortalidad y recorría las veredas y atravesaba la espesura del monte, en donde reinaba perpetuamente la misma hora, a la vista de los celajes cárdenos.

Un pensamiento supremo la había enmudecido.

El matorral componía una alfombra delante de sus pies y los árboles, soñando con el mediodía rutilante, arrojaban sobre su cabeza una lluvia de flores martirizadas.

Yo me había internado en la soledad silvestre, llevando de compañero al bufón desterrado de la corte. Decía sus gracejos en forma de argumento, parodiando risueñamente a los escolares y doctores. Shakespeare lo mienta en uno de sus dramas. Había incurrido, por imprudente, en el enojo de un rey venerable y de sus hijas.

El bufón dirigió la palabra, en son de festividad, a la mujer del bosque entredicho, elevada al mismo privilegio de las personas divinas, de hollar la tierra con pies desnudos e ilesos.

El bosque embelesado se mudó repentinamente en un cantizal y el flagelo del relámpago azotó las higueras condenadas a la esterilidad.

Tacita, la musa décima

La hermosa hablaba de la incertidumbre de su porvenir. Había llegado a la edad de marchitarse y sentía la amenaza del tiempo y de la soledad. Los hombres no se habían ocupado de sus méritos y temían su inteligencia alerta.

El discurso de la mujer hería y agotaba mi sensibilidad. Su suerte me inspiraba ideas desesperadas acerca de la vida. Aquel ser sufría de su misma perfección.

Yo la he separado cruelmente de mi presencia. Podía interrumpir mi fuga clandestina, a través de la orgía del mundo, hacia el abrazo letárgico de la muerte. Yo divisaba una lontananza más sedante al imaginar la anulación de mis reliquias en el seno del planeta cegado por la nieve, desde el momento de extinguirse la energía milenaria del Sol, conforme el pronóstico de un vidente de la astronomía.

Mis días desabridos anticipan el sueño indiferente de la eternidad. La autora de mi inquietud se acerca afectuosamente al féretro en donde yazgo antes de morir. Su lámpara de ónix, depositada en el suelo, arroja un suave resplandor y su abnegación se pinta en el acto de sellar con el índice los labios herméticos, para mandamiento del silencio.

Carnaval

Una mujer de facciones imperfectas y de gesto apacible obsede mi pensamiento. Un pintor septentrional la habría situado en el curso de una escena familiar, para distraerse de su genio melancólico, asediado por figuras macabras.

Yo había llegado a la sala de la fiesta en compañía de amigos turbulentos, resueltos a desvanecer la sombra de mi tedio. Veníamos de un lance, donde ellos habían arriesgado la vida por mi causa.

Los enemigos travestidos nos rodearon súbitamente, después de cortarnos las avenidas. Admiramos el asalto bravo y obstinado, el puño firme de los espadachines. Multiplicaban, sin decir palabra, sus golpes mortales, evitando declararse por la voz. Se alejaron, rotos y mohínos, dejando el reguero de su sangre en la nieve del suelo.

Mis amigos, seducidos por el bullicio de la fiesta, me dejaron acostado sobre un diván. Pretendieron alentar mis fuerzas por medio de una poción estimulante. Ingerí una bebida malsana, un licor salobre y de verdes reflejos, el sedimento mismo de un mar gemebundo, frecuentado por los albatros.

Ellos se perdieron en el giro del baile.

Yo divisaba la misma figura de este momento. Sufría la pesadumbre del artista septentrional y notaba la presencia de la mujer de facciones imperfectas y de gesto apacible en una tregua de la danza de los muertos.

El cielo de esmalte (1929)

Victoria

Su veste blanca y de galones de plata sugería la estola de los ángeles y las galas primitivas del lirio. Una corona simple, el ramo de un olivo milenario, ocultaba sus sienes. Los ojos diáfanos de esmeralda comunicaban el privilegio de la gracia.

Los rasgos sutiles del semblante convenían con los de una forma tácita, adivinada por mí mismo en el valle del asombro, a la luz de una Luna pluvial. Uno y otro fantasma, el de la veste blanca y el de la voz tímida, se parecían en el abandono de la voluntad, en la calma devota.

Yo recataba mi niñez en un jardín soñoliento, violetas de la iglesia, jazmines de la Alhambra. Yo vivía rodeado de visiones y unas vírgenes serenas me restablecían del estupor de un mal infinito.

Mi fantasía volaba en una lontananza de la historia, arrestos del Cid y votos de San Bruno. Yo alcancé una vista épica, en un día supremo, al declinar mi frente sobre la tierra húmeda del rocío matinal, reguero de lágrimas del purgatorio. Yo vi el mismo fantasma, el de la voz tímida y el de la veste de azucena; armado de una cruz de cristal. Su nombre secreto era aclamado por los arcángeles infatigables, de atavío de púrpura.

El valle del éxtasis

Yo vivía perplejo descubriendo las ideas y los hábitos del mago furtivo. Yo establecía su parentesco y semejanza con los músicos irlandeses, juntados en la corte por una invitación honorable de Carlomagno. Uno de esos ministriles había depositado entre las manos del emperador difunto, al celebrarse la inhumación, un evangelio artístico.

El mago furtivo no cesaba de honrar la memoria de su hija y sopesaba entre los dedos la corona de perlas de su frente. La doncella había nacido con el privilegio de visitar el mundo de una carrera alada. La muerte la cautivó en una red de aire, artificio de cazar aves, armado en alto. Su progenitor la había bautizado en el mar, siguiendo una regla cismática, y no alcanzó su propósito de comunicarle la invulnerabilidad de una paladín resplandeciente.

El mago preludiaba en su cornamusa, con el fin de celebrar el nombre de su hija; una balada guerrera en el sosiego nocturno y de esa misma suerte festejaba el arribo de la golondrina en el aguaviento de marzo.

La voz de los sueños le inspiró el capricho de embellecer los últimos días de su jornada terrestre con la presencia de una joya fabulosa, a imitación de los caballeros eucarísticos. Se despidió de mí advirtiéndome su esperanza de recoger al pie de un árbol invisible la copa de zafir de Teodolinda, una reina lombarda.

El verso

El nenúfar blanco surgía de la piscina, entre los ánades soberbios de lucir en sus plumas el rubor de las llamas. El ciprés confundía en el polvo las hojas tenues, en el cruce de las avenidas. Sufría, vestido de luto, el riego de una llovizna de cristal.

Un doméstico, abastecido de un tridente de hierro y de una linterna en la cintura, recorría dando voces el jardín aciago. Los pavones ruantes animaban las horas indolentes de la cerrazón.

La princesa de China, de talle esbelto, apareció de puntillas a lamentar la corola decadente de las flores criadas bajo una campana de vidrio y se abandonó a sus lágrimas humildes e infantiles.

Ese mismo día fue solicitada en casamiento y dividió conmigo su amargura. Quiso llevarse a la tienda de campaña de un nómade, al yermo glacial, un juicio profundo, un verso de mi fantasía, aplicado a la dureza de la suerte y yo lo dibujé en su abanico de marfil, recordando los signos de una caligrafía noble.

Lucía

Yo abría las ventanas de la cámara desnuda y fiaba el nombre de la ausente a los errores de una ráfaga insalubre. Mi voz combatía una lápida, imitaba el asalto del ave del océano sobre el fanal.

Yo adivinaba los acentos claros del alba, salía de mi retiro y pisaba con reverencia y temor la escalinata roída por la intemperie. Yo divertía la pesadumbre con la vista de un horizonte diáfano. El fresno y el pino menudeaban lejos y a la ventura en el país de lagos y raudales.

Yo me censuraba fielmente. Quería atinar un desliz de ineptitud o de apatía en el proceso de sus dolores inhumanos y no recordaba sino mi actividad y mi presencia continua en el aposento. Su muerte reprodujo el semblante de la agonía de Jesús.

Las brumas lentas nacían, al empezar la noche; de los pozos del agua pluvial, sosegaban los ruidos y se perdían en la vivienda alucinada.

Los velos del agua palúdica facilitaron el regreso de la virgen asidua; Se allanó a dejar en mis manos, señal de reconocimiento, la presea de su candor; Me devolvió la corona de su frente.

El Capricornio

Fijamos la tienda de campaña en el suelo de arena, invadido por el agua de una lluvia apacible. Vivíamos sobre las armas con el fin de eludir la sorpresa de unos jinetes de raza imberbe.

Unas aves de pupila de fuego, metamorfosis de unos lobos empedernidos, alteraban la oscuridad secreta. Un lago trémulo recogía en su cuenca la vislumbre de un cielo versátil.

Sufríamos humildemente la penuria del clima. Derribamos un cabrío, el primero de una tropa montaraz, y nos limitamos a su vianda rebelde, coriácea. Los cuernos repetían la voluta precisa de los del capricornio en la faja del zodíaco.

Plutarco, prócer de un siglo decadente, cita los ensueños torpes, derivados de los manjares aviesos, y persiste en reprobar la cabeza del pólipo.

Los jinetes habían dirigido en nuestro seguimiento el rebaño funesto. Esperanzados en el desperdicio de nuestra pólvora, inventaron el ardid magistral de ponerlo a nuestro alcance. De donde vinieron la captura y el aprovechamiento de la res infame y la danza de unas formas lúbricas en el reposo de la cena.

Disparamos erróneamente los fusiles sobre el ludibrio de los sentidos. Unos gatos de orejas mútilas cabriolaban, a semejanza de los sátiros ebrios de un Rubens, en el seno de una llama venenosa.

Los gafos

La noche disimulaba el litoral bajo, inundado. Unas aves lo recorrían a pie y lo animaban con sus gritos. Igualaban la sucedumbre de las arpías.

Yo me había perdido entre las cabañas diseminadas de modo irregular. Me seguía una escolta de perros siniestros, inhábiles para el ladrido. Una conseja los señalaba por descendientes de una raza de hienas.

Yo no quería llamar a la puerta de uno de los vecinos. Se habían enfermado de ingerir los frutos corrompidos del mar y de la tierra y mostraban una corteza indolora eh vez de epidermis. La alteraban con dibujos penetrantes, de inspiración augural. El vestido semejaba una funda y lo sujetaban por medio de vendas y de cintas, reproduciendo, sin darse cuenta, el aderezo de las momias.

Las líneas de una serranía se pronunciaban en la espesura del aire. Daban cabida, antes, a la aparición de una Luna perspicaz. Un espasmo, el de la cabeza de un degollado, animaba los elementos de su fisonomía.

El satélite se había alejado de alumbrar el asiento de los pescadores, trasunto de un hospital. Yo me dirigí donde asomaba en otro tiempo y lo esperé sin resultado. Me detuve delante de un precipicio.

Los enfermos se juzgaron más infelices en el seno de la oscuridad y se abandonaron hasta morir.

Antífona

Yo visitaba la selva acústica, asilo de la inocencia, y me divertía con la vislumbre fugitiva, con el desvarío de la luz.

Una doncella cándida, libre de los recuerdos de una vida mustia, sujetaba a su albedrío los pájaros turbulentos. El caracol servía de lazarillo al topo.

Yo frisaba apenas con la adolescencia y salía a mi voluntad de los límites del mundo real. La doncella clemente se presentó delante de mis pasos a referirme las venturas de una vida señoril, los gracejos y desvíos de las princesas en un reino ideal. Yo los he leído en un drama de Shakespeare.

La memoria de mis errores en la selva diáfana embeleso mi juventud ferviente. Larvas y quimeras de mi numen triste, una ronda aérea seducía mis ojos bajo el cielo de ámbar y una corona de espinas, la de Cordelia, mortificaba las sienes de la doncella fiel.

El cirujano

Los valentones convinieron el duelo después de provocarse mutuamente. El juglar, compañero del médico de feria, motivó la altercación irritándolos con sus agudezas.

Acudió la multitud encrespada del barrio de la horca y las mujeres se dividieron en facciones, celebrando a voz, en grito el denuedo de cada rival.

La cáfila bulliciosa recibía alegremente en su seno al verdugo y le dirigía apodos familiares. Los maleantes vivían y sucumbían sin rencor.

Yo estudiaba la anatomía bajo la autoridad de Vesalio y me encaminaba a aquel sitio a descolgar los cadáveres mostrencos. El maestro insistía en las lecciones de la experiencia y me alejaba de escribir disertaciones y argumentas en latín.

Uno de los adversarios, de origen desconocido, pereció en el duelo; El registro de ninguna parroquia daba cuenta de su nacimiento ni de su nombre.

Fue depositado en una celda del osario y yo la señalé para satisfacer más tarde mis propósitos de estudioso. Nadie podía solicitar las reliquias deplorables, con el fin de sepultarlas afectuosamente. Yo no salgo de la perplejidad al recordar el hallazgo de dos esqueletos en vez del cuerpo lacerado.

La inspiración

Yo me esforzaba en subir el curso de un río. No soltaba de la mano los remos de un bajel fugaz, fabricado de una corteza.. Yo la había desprendido de un árbol independiente, familiar de las alondras y pregonero de sus flores virginales en una selva augusta, reflejada en el espejo del éter.

Yo dibujé en la frente del bajel la imagen fácil del amor y redimí sus ojos del cautiverio de la venda. Había usado en penetrar la corteza fragante un estilo de hierro.

Vine a dar en una llanura libre, donde se encrespaba y corría, vencedora de un asalto de leones, la hueste de unos caballos ardientes.

Se adelantaba hasta la presencia del océano y se volvía al sentir el sonido frenético de unas trompetas. La belleza del porte y de la carrera me presentaba a cada instante un motivo nuevo y singular de admiración. Yo pensaba en unos retóricos de la gentilidad, divididos y hostiles al calificar méritos en los caballos de un friso, agilitados por el cincel de Fidias.

El sonido frenético de las trompetas repercutía en el cielo diáfano y anunciaba a la soberana del país quimérico. Vino a la cabeza de una escolta de monteros y de prohombres ancianos, pares de una orden cortés en los días de una briosa juventud. Había dejado un mundo inefable, a semejanza de Beatriz y con el mismo atavío de sus llamas, y esgrimía el acero de Clorinda. Me invitó al estribo de su carro e impuso en mi frente una señal de su autoridad, por donde me visitaron pensamientos y sentimientos de una grandeza ilimitada.

La Cábala

El caballero, de rostro famélico y de barba salvaje, cruzaba el viejo puente suspendido por medio de cadenas.

Dejó caer un clavel, flor apasionada, en el agua malsana del arroyo; Me sorprendí al verlo solo. Un jinete de visera fiel le precedía antes, tremolando un jirón en el vértice de su lanza.

Discutían a cada momento, sin embargo, de la amistad segura. El señor se había sumergido en la ciencia de los rabinos desde su visita a la secular Toledo. Iluminaba su aposento con el candelabro de los siete brazos, sustraído de la sinagoga, y lo había recibido de su amante, una beldad judía sentada sobre un tapiz de Esmirna.

El criado resuelve salvar al caballero de la seducción permanente y lo persuade a recorrer un mar lejano, en donde suenan los nombres de los almirantes de Italia y las cícladas, las islas refulgentes de Horacio, imitan el coro vocal de las oceánidas.

Cervantes me refirió el suceso del caballero devuelto a la salud. Se restableció al discernir en una muchedumbre de paseantes la única doncella morena de Venecia.

Marginal

Una crónica inicia el episodio de un aventurero desengañado de sus correrías y lastimado por la pobreza. No había alcanzado ninguna presea en medio de los sobresaltos del campamento. Supo acaso la destitución de un rey y su cautiverio de casi tres decenios sin otra compañía sino la de su enano.

El aventurero interrumpe la crítica de las rapsodias homéricas en el original griego, único solaz de su decadencia, para abrazar en vano la empresa de soltarlo. El cautivo había sido un déspota soberbio y se le acusaba de haber lanzado su jauría al encuentro de un obispo solícito.

El aventurero volvía de una guerra con los infieles en las praderas del Danubio. Sentado sobre un tambor de piel de asno, ocuparía el desvelo de las noches de alarma en recoger de un bizantino prófugo las noticias del idioma vibrante. Debió de recrear el carácter desabrido en las vicisitudes de la *Ilíada* y de esa misma escena puede escogerse el símbolo del buitre, enemigo de los moribundos, con el objeto de significar el estrago de su voluntad empedernida.

Los hijos de la tierra

Los nómades, reducidos a la indigencia, habían fijado su tienda de campaña en medio de un llano roído por el fuego. Los caballos, prácticos en el arte de acertar con la hierba debajo de la nieve, mordían y trituraban la paja renegrida. Habían sido soltados de unos carros innobles. Una polvareda fortuita venía del horizonte a malograr la faena de los herreros y de los albéitares, oficios reivindicados para satisfacer las preguntas de la policía.

Los naturales del país, fieles de un dogma tiránico, vigilaban la actitud de los peregrinos y los acusaban de impíos y de rapaces. Yo no me aventuraba en ese campamento sino a caballo y provisto de un sable recurvo y después de calarme hasta las orejas un gorro cilíndrico, de pelambre de carnero.

Los nómades se decían ofendidos en su credo rudimental y solicitaban el auxilio de unas divinidades obtusas, fantasmas del caos desolado. Referían el origen de su raza a la invasión de un cometa, en el principio de los siglos.

Decidieron alejarse en las últimas oscilaciones del otoño. Volaban los cristales de la nieve precoz. Las ráfagas del polo disolvían el sudario de una virgen insepulta, en la noche estigia, en el límite del mundo.

Lastimaron, antes de su viaje, la fe de los indígenas con el sacrificio de un perro en la actitud del crucifijo. Consultaban de ese modo el éxito de sus pensamientos y requerían el arribo inmediato y el socorro de la noche. La invitaban a fustigar sin tregua la pareja de, cuervos de su carro taciturno.

La hueste famélica se dirigió al encuentro de un Sol precipitado.

Azucena

El solitario divierte la mirada por el cielo en una tregua de su desesperanza. Agradece los efluvios de un planeta inspirándose en unas líneas de la *Divina Comedia*. Reconoce, desde la azotea, los presagios de una mañana lánguida.

El miedo ha derruido la grandeza y trabado las puertas y ventanas de su vivienda lucida. Un jinete de máscara inmóvil retorna fielmente de un viaje irreal, en medio de la oscuridad, sobre un caballo de mole espesa, y descansa en un vergel inviolable, asiento del hastío. Las flores, de un azul siniestro y semejantes a los flabelos de una liturgia remota, ofuscan el aire, infiltran el delirio.

El solitario oye la fábrica de u ataúd en un secreto de la tierra, dominio del mal. La muerte asume el semblante de Beatriz en un sueño caótico de su trovador.

Una doncella aparece entre las nubes tenues, armada del venablo invicto, y cautiva la vista del solitario. Llega en el nacimiento del día de las albricias, después del viernes agónico, anunciada por un alce blanco, alumno de la primavera celeste.

El vértigo de la decadencia

Asisto en el coliseo romano al sacrificio de los mártires sublimes. Se han juntado en el centro del estadio y sugieren el caso de una cohorte diezmada, sensible al mandamiento del honor.

Las fieras soltadas de su cárcel rodean la turba lastimosa, agilitándose para el asalto. Las espaldas flexibles ondulan voluptuosamente y las zarpas agudas, hincadas en el suelo, avientan mangas de polvo.

La muchedumbre de los espectadores, animada de una crueldad gozosa, rompe en un clamor salvaje. Reproduce el estruendo de la ovación.

El soberano del orbe domesticado nota los accidentes y pormenores de la fiesta, mirándola a través de una esmeralda, la piedra mejor calificada para el atavío de las divinidades.

Las fieras se fatigan dilacerando el grupo inerme y respetan los residuos inanimados y una virgen de gesto profético, Una voz la condena al suplicio del fuego y provoca el asentimiento unánime. La muchedumbre asume una responsabilidad indivisible y se pierde en el delirio de su maldad, hiriendo a la inocencia.

La hoguera despide una lumbre fatídica y les dibuja, a los más inquietos, un rostro de cadáver.

Entre los eslavos

La iglesia inmemorial cabía en la sombra de un roble. Yo admiraba el altar de plata dorada, primor bizantino. Registré el coro y los muebles de encina esculpida.

Allí se efectuaron unas exequias inolvidables. El cortejo de unos hombres enlutados se anticipaba al féretro de un joven. Portaban sendas linternas.

El consejo de los ancianos se había reunido para decidir el restablecimiento de una ceremonia antigua, en señal de tribulación.

La virgen más bella del lugar montaba el caballo del difunto y presidía el duelo. Se habían apasionado desde la niñez.

La fiesta debía terminar fuera de poblado, en el cementerio, y yo la observé desde lejos. La virgen se abandonó al trote de su cabalgadura y yo la vi desaparecer en un camino ideal, de vaguedad celeste.

El superviviente

El río funeral principia en una ciénaga del infierno, donde gimen las sombras errátiles. Describe circuitos lánguidos antes de salir a la faz de la tierra. Su linfa discurre por una vía de sauces tenues y los inunda. Ovidio no transita, durante su confinamiento, una ribera más infeliz.

Yo venía siguiendo los pasos de la sibila de castidad incólume. Escondía su rostro en el velo mágico donde Proserpina dibuja, siglos antes, las formas de los seres. Yo portaba en la diestra una flor mitológica y la ofrecía en secreto al signo presente del zodiaco.

La sibila se perdió en la gruta del río, subiendo el curso lóbrego. Se hurtaba a la vista de la humanidad nueva, sustraída, mil años, al dictamen del Olimpo resplandeciente.

La fuga de la sibila me inspiró el acierto de recorrer la obra de Virgilio para conciliar sus presagios volátiles y entenderlos a cabalidad. Yo vislumbro el semblante del vate romano en el pórtico del mundo caliginoso.

El asalto de una raza boreal anuncia el milenio del eclipse. Yo me insinúo en la muchedumbre de los vencedores y reprendo el desmán y la jovialidad incivil. Mi intrepidez en el umbral de la muerte y la asistencia de Virgilio me confieren el privilegio de una vida inmune.

El nombre

Un navegante del rey Salomón celebraba sus aventuras en un mar diáfano y lucía las perlas y los corales del abismo. No alejaba de sus hombros un pájaro de voz humana.

Unos leones amenazaron la nave desde un litoral ardiente. Los marinos acertaron a distinguirlos en medio del resol y los hirieron con saetas encarnizadas.

Un viejo de fisonomía aguda gobernaba de noche el viaje después de humillarse en presencia de una Luna bermeja, reducida a un esquife. Pertenecía a una raza de costumbres livianas, avezada a prosperar con la guerra, adquiriendo cautivos para venderlos de nuevo.

Los marineros se amedrentaron al escuchar su discurso infame y lo presentaron maniatado a la boca de las fieras, donde rugían más gravemente.

El viejo dirigía la nave a los jardines de loto del olvido.

El ave de voz humana sobrevino poco después a garantizar la fortuna de la navegación. Un pasajero intentó abatirla con su arco de marfil. Pero lo disuadió el grito unánime de los demás.

El ave se colgó del hombro del navegante hebreo, autor del cuento. Enunciaba a cada instante el nombre de su dueña y retenía en sus alas el perfume de un camarín. Felicidad es el apelativo constante de las princesas en los reinos fantásticos.

Los acusadores

Yo defendí a la hija menor del rey cuando se vio estrujada por sus hermanas infieles y emprendí desde ese momento el camino del destierro.

Atravesé el mar en una noche y me encontré delante de una costa derruida. Reconocí el domicilio de un eremita servido por una muchedumbre de aves marinas, de porte espeso y voz gutural.

El puso en mis manos una gaita. Yo debía sonada al caer la tarde y sus melodías bastaron para crear la imagen del suelo nativo y salvarme de olvidarlo. Yo cultivé de tal modo el sentimiento de la ausencia y alcancé fama de artista elocuente y retribuía la hospitalidad con los sones de una música sensible.

Yo sonaba la gaita en medio de la incertidumbre de un crepúsculo vano; irisado por la lluvia. La Luna surgía poco después, ceñida de una aureola tenue, y recordaba a la virgen resentida y su corona de verbena céltica.

Las hermanas la ocuparon en ministerios indignos y de apremio; atentas a marchitada. Adoleció y murió al reparar en su belleza mustia y galopines y fregonas compusieron el cortejo de su entierro.

Yo quise difundir el malcaso a los cuatro vientos y lo referí a los actores de una farándula, aprovechando una estancia de su carreta.

La juventud del rapsoda

Yo vivía feliz en medio de una gente rústica. Sus orígenes se perdían en una antigüedad informe.

Deliraban de júbilo en el instante del plenilunio. Los antepasados habían insistido en el horror del mundo inicial, antes de nacer el satélite.

Una joven presidía los niños ocupados en la tarea de la vendimia. Se había desprendido del séquito de la aurora, en un caballo de blonda crin. Los sujetaba por medio de un cuento inverosímil y difería adrede su desenlace.

Escogía el jacinto para adornar sus cabellos negros, de un reflejo azul. Yo adoraba también la flor enferma de un beso de Eurídice en un momento de su desesperanza.

Me esforcé en conjeturar y descubrir su nombre y procedencia al darme cuenta de su afición a la flor desvaída. La joven disfrutaba el privilegio de volver de entre los muertos, con el fin de asistir a las honras litúrgicas del vino. Desapareció en el acto de evadir mis preguntas insinuantes.

El tótem

Yo había perdido un año en ceremonias con el rey del país oculto. Los áulicos sagaces anulaban mi solicitud y sufrían los desahogos de mi protesta con una sonrisa neutral. Yo procuraba intimidados con el nombre de mi soberano y describía enfáticamente los recursos infinitos de su armada. Se creían salvos en el recinto de sus montes.

Yo entretenía el sinsabor criticando el estatuto de la familia. Me holgaba con el trato de las mujeres infantiles y de los niños alegres y descubría los efectos de una crianza atenida a la captura del presente rápido. Un pasaje en verso, el primer asunto fiado a la memoria, escrito en una cinta de seda, insistía de modo pintoresco en la realidad sucesiva.

Nunca he visto igual solicitud por las criaturas simples de la naturaleza. Los niños demostraban un alma indulgente en su familiaridad con las cigarras y con las mariposas recogidas, durante la noche, en una jaula de mimbre y se divertían con las piruetas y remolinos de unos peces de sustancia efímera, circulantes en un acuario de obsidiana.

Un cortesano, especie de senescal, me visitó una vez con el mensaje de haber sido allanados los inconvenientes de mi embajada. Yo debía presenciar, antes de mi retorno y en señal de amistad, una fiesta dirigida a conciliarme los genios defensores del territorio. El cortesano se alejó después de asentarme en el hombro su abanico autoritario.

La fiesta se limitaba a recitar delante de un gamo unicorne, símbolo de la felicidad, pintado en un lienzo escarlata, unos himnos de significación abolida. Unos sacerdotes calvos no cesaban de imprimir un sonido igual en sus tamboriles de azófar.

El lego del convento

Al recorrer los caminos de Italia, yo tuve la fortuna de recibir los consejos del mismo amor, disfrazado de peregrino. Ningún mortal, sino Dante, pudo contar ese privilegio.

Me anunció una vida solitaria y me felicitó por haber escuchado a la mujer de voz infantil, sin llegar hasta su presencia. La plegaria, un himno eucarístico, nacía en la oscuridad del campo y volaba a perderse en el éter inmaculado.

Yo me separé del mundo y dirigí mi contemplación al mismo objeto del cántico sagrado. Renuncié al aplauso terrenal y olvidé el devaneo del arte cuando mis maestros, los poetas contemporáneos, expresaban el cansancio de una generación diezmada por las guerras napoleónicas y Leopardi recogía en su obra el acento de la patria ofendida Conservé la admiración noble por la mujer del linaje de Beatriz y vine a servir en una sociedad franciscana, profesando en su beneficio la santa mendicidad. Yo imito al hermano incipiente, administrador del asno de la cuestación en la novela perfecta de Manzoni.

El cazador de avestruces

El nómade se divorció de su mujer y la despidió de su tienda, regalándole un camello.

Escogí esa montura, en vez de un asno, para atravesar el desierto de las hogueras. Buscaba el mar de los arrecifes de coral, en donde se crían las tortugas inmortales.

Debía tratar con una gente silvestre, de cara infame. Se jactaba de haber nacido en las cavernas de la tierra, en donde cegaba los manantiales. Se congregó, siglos antes, en torno de una anfisbena, el vestiglo capaz de caminar en sentidos opuestos. Sus próceres no bajaban de unos carros livianos.

Fui recibido con extrañeza y consternación por aquellos infieles. Adivinaron mi llegada, recordando el aviso de generaciones difuntas. Los servidores del culto se precipitaban en todas direcciones, dando señales de miedo, o caían sobre su rostro.

Yo me atreví con el ídolo más reverenciado. Era hueco y sonoro y en su seno descubrí la piedra preciosa para la diadema de mi rey.

El clamor

Yo vivía sumergido en la sombra de un jardín letal. Un ser afectuoso me había dejado en la soledad y yo honraba constantemente su memoria. Unos muros altos, de vejez secular, defendían el silencio. Los sauces lucían las flores de unas ramas ajenas, tejidas por mí mismo en su follaje estéril.

He salido de esa ciudad, asentada en un suelo pedregoso, durante el sueño narcótico de una noche y he olvidado el camino del regreso. ¿Habré visto su nombre leyendo el derrotero de los apóstoles? Yo estaba al arbitrio de mis mayores y no les pregunté, antes de su muerte, por el lugar de mi infancia.

La nostalgia se torna aguda de vez en cuando. La voz del ser afectuoso me visita a través del tiempo desvanecido y yo esfuerzo el pensamiento hasta caer en el delirio.

He entrevisto la ciudad en el curso de un soliloquio, hallándome enfermo y macilento. La voz amable me imploraba desde el recinto de un presidio y una muchedumbre me impedía el intento de un socorro. Los semblantes abominables se avenían con los símbolos de sus banderas.

Yo no acostumbraba salir de casa en la ciudad de mi infancia. Mis padres me detenían en la puerta de la calle con un gesto de terror.

Del país lívido

No me atrevía a interrumpir con la voz el sosiego de los olivos uniformes. Yo veneraba su follaje de un color cetrino. Habían crecido, conforme una ley, en el circuito de unos sauces impasibles.

Los residuos de un acueducto romano aumentaban la majestad del valle sombrío. Una balanza adornaba la frente de un templo ultrajado por las generaciones infieles y significaba las amenazas irremisibles de la justicia en un mundo superior.

Yo me perdía adrede en las avenidas, invocando los difuntos de mi predilección. Un Sol rojo, presagio del temporal, desaparecía en la niebla de la tarde húmeda.

El afecto y la presencia de una sombra asidua me habían desprendido de la tierra. Yo me retiraba a descansar cuando la Luna, el astro de los muertos, ocupaba el medio del cielo.

Un fantasma idéntico, reliquia del mito de Psiquis, me visitaba en el curso del sueño. Yo despertaba con la memoria de haberme fatigado en una persecución inverosímil y descubría en mis dedos el tizne de una mariposa nocturna.

El herbolario

El topo y el lince eran los ministros de mi sabiduría secreta. Me habían seguido al establecerme en un paisaje desnudo. Unos pájaros blancos lamentaban la suerte de Euforión, el de las alas de fuego, y la atribuían al ardimiento precoz, al deseo del peligro.

El topo y el lince me ayudaban en el descubrimiento del porvenir por medio de las llamas danzantes y de la efusión del vino, de púrpura sombría. Yo contaba el privilegio de rastrear los pasos del ángel invisible de la muerte.

Yo recorría la tierra, sufriendo la grita y pedrea de la multitud.

No conseguí el afecto de mis vecinos alumbrándoles aguas subterráneas en un desierto de cal.

Una doncella se abstuvo de censurar mi traje irrisorio, presente de Klingsor, el mago infalible.

Yo la salvé de una enfermedad inveterada, de sus lágrimas constantes. Un espectro le había soplado en el rostro y yo le volví la salud con el auxilio de las flores disciplinadas y fragantes del díctamo, lenitivo de la pesadumbre.

La mesnada

Los colores vanos del alba me indicaban la hora de asistir al oficio de difuntos, celebrado en honor de la joven reina por unas monjas de celestial belleza. Yo sosegaba de ese modo el humor sombrío y castizo.

Las monjas adivinaban mi interés por la memoria de la soberana y me rodeaban solícitas. Yo quedaba de rodillas en el oratorio impenetrable, después de la celebración de la misa. Entreveía las figuras entecas, dibujadas en las vidrieras y mosaicos. Unos santos armados y a caballo militaban contra los vestiglos de un arte heráldico.

Yo salía del retiro a unirme con los devotos de mi persona, esparcidos a distancia de la voz en las avenidas del asilo venerable. Debían acudir al mediar la mañana.

Yo recuperaba, al pisar la calle, mi presunción innata. Habría dirigido, en presencia de los matasietes, la bienvenida al peligro, imitando una actitud de César.

Un jorobado empezó a reírse de manera abominable al reparar en el entono y compás de mis ademanes. Lo había salvado, el año anterior, cuando el verdugo se disponía a descuartizado, acusándolo de homicida.

Mis aficionados se precipitaron a satisfacer mi indignación y lo enderezaron por medio del tormento.

El vejamen

Yo omití el nombre de la beldad florentina cuando referí el cuento de su perfidia a uno de los donceles del *Decamerón*. La mujer me había permitido, con tal reserva, celebrar su muestra de ingenio y yo pude contribuir un asunto a la retórica magistral de Bocaccio. Me proponía divulgar el desengaño de un galán presuntuoso.

El cuento se difundió velozmente y encontró auditorios alegres y despertó esclarecimientos malignos. De donde nació el rencor del escarnecido y su aspereza con mi reputación.

Se acercó a desafiarme en mi propia casa, al cerrar la noche, y fue ahuyentado por el ademán fiero de un autómata apostado en la escalera de entrada y destinado al oficio de pandorga en una fiesta campesina.

Esta ocurrencia me dejó libre y yo me vi en el caso de trasmitirla a los fanfarrones y pedantes de la Comedia del Arte. El generoso Bocaccio se había arrepentido de su hilaridad.

El ramo de la Sibila

El canto de la salud, vuela sobre el mar jocundo, sube al cielo de ópalo. Sirve para distinguir los momentos de la maniobra. No se requiere el portavoz ni el mandamiento lacónico.

He despedido los vestigios de una visión infeliz al incorporarme del regazo de la noche. Una voz inmortal había insinuado en mis oídos el verso canoro de Virgilio, para describirme el naufragio de un timonel vencido por el sueño.

Yo reconstituí los pormenores del episodio al despertar y volver en mi acuerdo. Reconocí inmediatamente el litoral donde fue sacrificado el náufrago después de salir a salvo, Tenía a mi alcance un ramo de olivo, el árbol místico y virtuoso. Lo sumergí en las aguas lívidas y lo agité sobre mis compañeros indiferentes.

El olvido

Yo no pisaba las huellas del cazador extravagante. Quería evitar el contagio de su pesadumbre. Morábamos vecinos en un país de belleza augusta. El azufre y demás fósiles predilectos del fuego se juntaban en la composición de la tierra.

El cazador frecuentaba los montes de granito. Su gesto valiente se dibujaba en la zona del éter cándido. Una lumbre fugitiva dirigía sus pasos.

Había domesticado el ser más viejo entre las gamuzas repentinas. Acertaba de espaldas con el objeto de sus tiros.

No lo abordé sino una vez, para dar con el motivo de su desvío.

La manera grave de su discurso no me: permitió recoger una vislumbré. Había fabricado su cabaña a la sombra de un pino glacial.

Yo la visité furtivamente al advertir su ausencia de una semana. El cazador, libre de los efectos deletéreos de la muerte, yacía en un ataúd de piedra. El semblante helado, ajeno del pesar, no inspiraba conjeturas sobre la causa del fallecimiento. Un reguero de carbunclos magnéticos había caído de su diestra.

Un torrente, creado por la lluvia fortuita, arroja sobre la cabaña un sedimento de arena y promete cegarla.

Los ortodoxos

Yo recorría el país grave en solicitud del monasterio decadente. Recuerdo la pausa y el zurrido monótono de mi carro de bueyes en el camino de guijarros y su vuelco en el río de lodo. Los naturales morían de consumir los peces de su corriente paralítica.

Unas aves negras, de calvicie petulante, retozaban en la hierba incisiva y sobre el dorso de unos caballos enjutos. Su vuelo repetía, en el azul violento, el orden estricto de la falange.

El revés de los tiempos sumía las aldeas de la miseria, aconsejaba la indolencia, el aborrecimiento de la vida. Una mujer impasible, de ojos áridos, presidía el juego de sus niños en el recinto de un cementerio obstruido por el matorral. El traje de antigüedad noble y la rueca doméstica secundaban el ascendiente de su faz.

El abad me esperaba antes del edificio, al pie de un nogal mustio. Su discurso voluble me retrajo de pedir un sitio en el aposento de los peregrinos. Se lamentaba del egoísmo y parsimonia de los feligreses.

Yo recogí, durante la visita, motivos frecuentes de suspicacia y desvío. Unos monjes dibujaban imágenes canijas, siguiendo la costumbre de un arte fanático, y el más incivil acudía a la autoridad de San Basilio, con el fin de recomendar la sucieza, en señal de penitencia.

La abominación

El solitario maldijo la ciudad en términos precisos y se escondió lejos, en una selva de espinos florecientes.

Los naturales divisaban, desde los miradores y solanas, un contorno inflamado. El moral resistía esforzadamente el suelo de nitro y el pozo de betún.

Las mujeres ejercían la autoridad y celebraban de noche un rito lúgubre y sensual. Yo mismo presencié la fiesta del llanto y del amor.

Conseguí sustraer de la muchedumbre una joven destinada a la orgía clamorosa. Adiviné el fervor de su ternura e inocencia. Unos piratas la habían cautivado sutilmente.

El solitario nos puso en el camino del mar y yo no acierto a distinguir si me perteneció la idea súbita de invocar el nombre de Ulises, para conciliarme la voluntad de unos remeros griegos.

La merced de la bruma

Yo vivo a los pies de la dama cortés atisbando su benigna sonrisa de numen. El cierzo invade la sala friolenta y cautiva en su torbellino las quimeras y los fantasmas del hastío. Repite el monólogo del pino desventurado y humedece ¡oh lágrimas invisibles! la faz de los espejos y de las consolas de un dorado triste.

Yo diviso a través de la ventana el desmán de un oso y el sobresalto de unas aves lentas, de sueño precoz. La tarde engalana el bosque de luces taciturnas.

El discurso de la mujer insinuante no consigue mitigar la pesadumbre del exilio. Yo padezco el sortilegio de su voluntad repentina y declaro en frases indirectas el pensamiento del retorno al mediodía jovial. Mis palabras vuelan ateridas, enfermas de la congoja del cielo.

La dama cortés adivina en lontananza un mensaje benévolo. Recibe de manos de un jinete menudo y suspicaz el secreto de la belleza inmortal, el iris de los polos, una flor ignorada.

El monigote

El senescal, observando el consejo de Ambrosio Paré, nos había salvado del veneno por medio del azufre. Sentíamos, sin embargo, las consecuencias de un vino de sabor metálico.

Las cortesanas, vestidas de raso blanco, permanecían indiferentes y resultaron libres del mal. Habían nacido en Venecia y ayudaban al embajador de su república, el mejor espía de la historia. No sospechábamos el interés de este personaje en el seguimiento de nuestros pasos y recibimos gozosamente en nuestra compañía las mujeres del cabello rojo y de la tez de azucena. Vivíamos prendados de Italia y habíamos llegado hasta defender, espada en mano, el nombre de Vignola, negando el estrago de su doctrina en el arte francés.

Los servidores del rey, armados sólidamente, aparecieron en la meseta más alta de la escalera y bajaron a prendernos sin peligro. Entrábamos de modo insensible en una especie de letargo y lo atribuíamos a un pólipo servido en nuestra mesa, no obstante la censura de los médicos de la antigüedad. Interrumpíamos el sopor infernal con gritos de espanto y de furia y desviamos la atención de los centinelas del presidio.

Yo fui separado de mis compañeros y sometido a un tratamiento más humano. He aceptado del rey la invitación a abrazar el estado sacerdotal, esperando imitar la liviandad de Rabelais.

No he podido averiguar la situación de mis cómplices. Diana de Poitiers acostumbra vender al sultán de Turquía los enemigos del rey de Francia, a veinte escudos la pieza.

Analogía

El solitario lamenta una ausencia distante. Se consuela escribiendo el soneto difícil, en donde el análisis descubre a menudo un sentido nuevo.

El solitario se pierde en las distinciones de su doctrina escolar y satisface los requisitos del arte cuando el ocaso pinta de negro el mirto y el ciprés y marca sus perfiles: La imagen de la ausente, de semblante excavado por la meditación y vestida de los matices del fuego, recorre la floresta de las arditas y de las gacelas en donde subsiste la memoria de la reina Ginebra.

El solitario se embelesa en la transfiguración de la ausente y describe sus méritos, refiriéndose al motivo heráldico del lirio de hojas de acero.

Los lazos de la Quimera

Yo velaba en la crisis de la soledad nocturna. El retrato de una mujer ideal, única alhaja del aposento, desplegaba mi sobreceño, divertía algunas veces mi inquietud.

Yo lo había conseguido en la subasta de unos muebles gentiles. El matiz de los cabellos me recordó los de una beldad grácil, fantasma del olvido. El pincel de un iluso había persistido inútilmente en imitarlos.

Yo me esforzaba en calar el enigma de una disciplina singular, de un arte secreto, y dibujaba, sin darme cuenta, la cifra de cantidades inéditas.

Me he fatigado hasta el momento de hundirme en un sopor, bajo los dedos de una mano fría de mármol.

Yo desperté en una sala funeral y la recorrí por entero, sorteando las urnas de piedra. En el zócalo de una imagen de la eternidad, cegada por una venda, acerté con el residuo del veneno de Julieta.

La zarza de los médanos

El país de mi infancia adolecía de una aridez penitencial.

Yo sufría el ascendiente de un cielo desvaído y divisaba el perfil de una torre mística.

Los montes sobrios y de cima recóndita preferían el capuz de noviembre. Las almas de los difuntos, según el pensamiento de una criatura pusilánime, se recataban en su esquivez, seguían las vicisitudes de un río perplejo y volaban en la brisa del océano.

Vencíamos el susto de las noches visionarias a través del páramo, en la carroza veloz. Unos juncos lacios interrumpían la fuga de las ruedas y la Luna indolente vertía a la redonda el embeleso de sus matices de plata.

La criatura infantil, objeto de mis cuitas, amaba de modo férvido unas flores balsámicas, de origen sideral, imbuidas en el aire salobre. Vivía suspensa del anuncio de la muerte y las demandaba para su tumba. Yo he defendido las hojas montaraces del asalto de las arenas.

El mar salió de sus límites a cubrir el litoral desventurado. Una sombra muda y transparente dirigió el esquife de mi salud al reino de la aurora, a la felicidad inequívoca. Yo despertaba de unos sueños encantados y percibía en el aire del aposento los efluvios de la maleza fragante.

De Profundis

He recorrido el palacio mágico del sueño. Me he fatigado en vano por descubrir el vestigio de una mujer ausente de este mundo. Yo deseaba restablecerla en mi pensamiento.

Conservo mis afectos de adolescente sufrido y cabizbajo. Su belleza adornaba una calle de ruinas. Yo me insinuaba hasta su ventana en medio de la oscuridad crepuscular. Me excedía en algunos años y yo ocultaba de los maldicientes mi pasión delirante.

Dejó de presentarse en una noche de temores y congojas y recordé infructuosamente las señas de su vivienda. Un temporal corría la inmensidad.

Yo seguí a desahogar la melancolía indeleble en una aventura, donde mis compañeros se perdieron y murieron. Yo amanecí en el recinto de una iglesia, monumento erigido por una doncella de otros siglos. El sacerdote encarecía las pruebas de su devoción y anunciaba desde el púlpito amenazas invariables. Celebró después el oficio de difuntos y llenó mis oídos con el rumor de un salmo siniestro.

La procesión

Yo rodeaba la vega de la ciudad inmemorial en solicitud de maravillas. Había recibido de un jardinero la quimérica flor azul. Un anciano se acercó a dirigir mis pasos. Me precedía con una espada en la mano y portaba en un dedo la amatista pontifical. El anciano había ahuyentado a Atila de su carrera, apareciéndole en sueños.

Dirigió la palabra a las siete mil estatuas de una basílica de mármol y bajaron de sus zócalos y nos siguieron por las calles desiertas. Las estatuas representaban el trovador, el caballero y el monje, los ejemplares más distinguidos de la Edad Media.

Unas campanas invisibles difundieron a la hora del ángelus el son glacial de una armónica.

El anciano y la muchedumbre de los personajes eternos me acompañaron hasta el campo y se devolvieron de mí cuando las estrellas profundas imitaban un reguero de perlas sobre terciopelo negro, sugiriendo una imagen del fastuoso pincel veneciano. Se alejaron elevando un cántico radiante.

Yo caí de rodillas sobre la hierba dócil, rezando un terceto en alabanza de Beatriz, y un centauro des errado pasó a galope en la noche de la incertidumbre.

La virtuosa del clavecín

Las minas se esconden bajo el suelo fragoso. Los residuos fatigan el río diezmado, lineal. Una colina difiere bruscamente del paraje desabrido. El visitante de la cúspide se distingue reflejado, conforme una ley natural, en los vapores del cielo. La hija de un minero pensativo me dirigía en el territorio adusto y me señalaba sus maravillas. Dejó de aplicarse, esa mañana, a las emociones vagas de la música y me introdujo en un palacio y en su capilla recóndita, debajo del suelo. La estatua yacente de una beldad insigne mostraba a los pies el acero de su paladín sacrificado. La recámara o tesoro de la sacristía contaba la prenda muy singular de un relicario de figuras de marfil. Allí se juntaban las efigies de los evangelistas y los simulacros del león y del águila, defensores del cordero en un paso de Apocalipsis. Yo pensé de modo involuntario en los símbolos de los elementos, dibujados en un escrito réprobo de Hermes.

La hija del minero me sacó después al espacio libre y me encaminó a las ruinas de una fortaleza labrada por un descendiente de Carlomagno. La fortaleza se había fundido, afectando una sola forma, con el monte donde había sido asentada. Yo miré en ese portento una venganza de la tierra, el desquite de una divinidad telúrica.

Yo reconocí la sombra majestuosa de Goethe, antes de sentirla mi confidente. El poeta augusto había meditado allí mismo los secretos de la naturaleza, refiriéndolos a las doctrinas de la fábula, a las señales de la superstición, y se había esforzado en consolar de la vida a un joven nostálgico, del linaje de Werther.

La hija del minero gustaba de referirme las menudencias de la visita de Goethe. Insistía en la gravedad y en el sosiego del genio salubre y aspiraba a conferirme igual indiferencia ante las zozobras del mundo con solo otorgarme, en presente y memoria de su amistad, la anémona del Broken, la flor del sortilegio.

El alumno de violante

Un ciprés enigmático domina el horizonte de mi infancia.

Yo prefería el éxtasis vespertino, me retiraba de la aldea y me perdía a voluntad en el recato de los montes. Un poder invisible me encaminaba a la presencia de unos sepulcros, a descubrir la serenidad y la esperanza en el semblante de unas imágenes de mármol.

Una sombra clemente, distinta de las figuras del miedo, me envolvía con sus agasajos y me situaba en el camino del retorno. Su faz anunciaba un dolor celeste y el ciprés de su refugio despedía el lamento de una cítara.

Yo me sumergía en un sueño libre de visiones y alcanzaba un olvido cabal.

Una virgen atenta dirigió mis primeros años con el ejemplo de sus facultades. Su canto fugitivo despertaba el júbilo de los silfos del aire. Sus dedos fáciles herían una mandolina de Francia.

Su voz cándida enajenaba mis sentidos al recorrer los episodios de un romancero. Conjuraba del limbo de mis sueños la sombra clemente y la rodeaba con el atavío de una balada legendaria.

El cautivo de una sombra

Yo no intentaba salir de la ciudad, de contorno infecundo, anegada en la arena del litoral. Sufría, a semejanza de mis compatriotas, la amargura de la decadencia. Los ayudaba con mis amonestaciones y con el ejemplo de una pobreza altiva.

Yo me apresuré a recibirlos al pie de la escalera de mi casa vetusta, cuando volvieron de perder una lid desigual. Los consolé en nombre de mis antepasados.

Los contratiempos me desviaron de la realidad y me persuadieron de la esquivez. Yo vivía absorto en la contemplación del puerto vado. Los bajeles evitaban el país indigente.

Una doncella de mi afecto, destinada a acompañarme, no sobrevivió al desvanecimiento de mis sueños. Los cabellos rojos y la tez blanca se avenían con la tarde violácea, hora de nuestra cita. Acudió, la vez última, con un ramo de adelfas y con un espejo en forma de Luna, símbolo de la brava castidad de Diana.

Sobrellevo el retiro con la cabeza hundida entre las manos y sin exhalar una voz. El infortunio me arraiga de nuevo en el suelo de mi nacimiento. Después de su muerte, una figura suspicaz adivina el sentido de mis pasos.

He encendido un fanal sobre su tumba, al pie de un monte ríspido, y la visitan las aves de la lluvia y del agua estancada.

Del suburbio

La miseria nos había reducido a un sótano. Yo sufría a cada paso la censura de mis culpas.

Conservo la satisfacción de no haber ultrajado a mi consorte ni a mis hijos cuando gemían en la oscuridad. El vicio no me negaba a la misericordia.

Enfermaron y murieron de un mal indescifrable, tórpido. Una fiebre, efecto de la vivienda malsana, les suprimió el sentido.

Me he consolado al recordar la agonía del niño superviviente. Se imaginaba con bastante vivacidad el temple de ese día, el primero del año, y señalaba el Sol cárdeno y el cielo desnudo. Una figura lo seducía desde un trineo veloz, de campanillas de plata.

Su madre le había descrito una escena parecida antes de abandonarlo en este mundo.

Bajo el cielo monótono

Yo seguía, en mis primeros años, el derrotero de la imaginación de Shakespeare. Divisaba, desde la fragata, unos molinos de viento desvanecidos en la atmósfera líquida.

Las cigüeñas descansaban en las torres y linternas de una iglesia.

La devoción popular les confería ventajas y privilegios ingenuos. Habían denunciado la inhospitalidad de los gitanos con la Virgen María y se les anticipaban en los caminos de su peregrinación varia, ejercitando una venganza inmemorial.

Yo me interné, después del desembarco, en una selva de fresnos y una rama azotó furiosamente mi rostro. La había dejado en ese instante el búho insomne de la noche del regicidio, según me esclareció de seguida mi guía y confidente, un viejo benévolo. Hallé menos su presencia cuando salí a un prado de flores de luz.

Retrocedí en demanda del primer vecindario y una mujer de cabellos sueltos y de frente inspirada me describió las señas de mi protector. Había muerto en una fecha antigua y su aparición auguraba felicidad. No se mostraba sino a los niños.

El selenita

Yo no sabría distinguir, en las cartas más fieles de los náuticos, dónde se hallaba la isla de mi cautiverio. Debe de aparecer con el nombre de un arrecife.

La Luna deprimía su vuelo a través de la oscuridad e inspiraba la ilusión de comenzarlo desde una torre impenetrable. Yo me recliné sobre su escalinata pulverulenta y fui adormecido por el pífano de un pastor de bisontes. Soñé con una doncella de otras edades y con un vestigio de su breve estancia en la isla de los torrentes. La reliquia de su paso, oculta en unos escombros olvidados, podía restituirme el seno del mundo civil. Ignoro si yo había despertado cuando emprendí la demanda quimérica, la vía de la sierra. No me dejé espantar de unas mujeres bellas e irascibles, reunidas en tumulto y armadas de tallos y de ramos de ortigas.

El hechizo del pífano me suspendía en los aires y yo volaba, convertido en una sustancia leve, sobre los roquedos y precipicios. La isla estaba desierta y los residuos solemnes de una raza difunta no se daban sino en la cima de los montes incólumes.

Yo encontré un anillo de oro, la prenda augurada, entre las ruinas de un alcázar, vivienda rupestre, en donde circulaban todavía el estampido y el humo de un rayo.

La virgen de la palma

Yo vivía retirado en la oscuridad y en el polvo de mi casa desierta. El aire frío, convertido alguna vez en ráfaga maldita, criaba a ocultas de la luz el hongo linfático y siniestro y sumía bruscamente en la sombra la sala austera, suprimiendo los candelabros. Un velo de seda violácea, joya ancestral, imitaba la colgadura del templo de Jerusalén; rasgada por una mano invisible en la muerte de Jesús.

Yo había crecido en la orfandad y sin aviso ni disciplina. El mudo recinto de la vivienda me persuadía a solicitar en calles y plazas el desenfado, el esparcimiento de mi juventud rebelde. Una mujer inmaculada, ajena de sí misma, se recató de mí y del trote petulante de mi caballo en el secreto de su ventana. Había reposado la vista en las formas de un arrebol mágico.

El conde Alfieri, obstinado en el énfasis de la tragedia, había permanecido antes en la misma ciudad y más de un vecino ponderaba su desvío de los hombres, su refugio en la avenida del ciprés atónico y del sauce de la elegía. El artista meditaba a solas en un amor inclemente, en una visión tácita; Ensayé repetidas veces el hallazgo de la mujer pensativa y de su palacio gentil y me perdí sin desquite en medio del día. Yo dibujé en el sosiego de la noche unas letras dominantes en la frente del edificio y vine a perder la afición a la oscuridad y al polvo de mi casa recóndita. Un sobresalto, primicia del infortunio, dividía a cada paso mi pensamiento y me arrojaba a una amistad impura.

El peregrino ferviente

Yo sufría en paz el sinsabor de los cielos ateridos. Un esplendor lívido, el Sol extraviado, nacía debajo del horizonte e iluminaba la urbe glacial. El agua de los meteoros ennegrecía las casas monumentales.

Un monje reflexivo, poseído de la soberbia, conocía los secretos de la mecánica y ele la magia natural. La cabeza de un autómata anunciaba el porvenir y yo la consulté sin remordimiento.

Yo recibí ese día un castigo de origen arcano. Pasabas de esta vida a ocultas de mí y sin esperanza. Yo vine a perderme en la sombra y en el polvo de un palacio frágil, seguí los errores de un fantasma ciego, de una efigie entrevista bajo las tenues gasas de Eurídice y volví a la plaza misma del ingreso, después de una ronda febril.

Yo emprendí la vuelta de mi patria en medio del rumor de una inmensa desventura. Los hombres desertaban de las ciudades, huyendo de la peste y de los ludibrios del miedo. El incendio de las ricas mansiones desentumía al lobo condenado.

Unas vírgenes de tu amistad, inspiradas en el ejemplo de tu virtud y vestidas con el atavío del fantasma ciego, de la sombra aérea, me encaminaron al lugar de tu sepulcro, me arrodillaron al pie de tu imagen de alabastro.

La ciudad de los espejismos

Yo cultivo las memorias de mi niñez meditabunda. Un campanario invisible, perdido en la oscuridad, sonaba la hora de volver a casa, de recogerme en el aposento.

Ruidos solemnes interrumpían a cada paso mi sueño. Yo creía sentir el desfile de uh cortejo y el rumor de sus preces. Se dirigía a la tumba de un héroe, en el convento de unos hermanos inflexibles, y transitaba la calle hundida bruscamente en el río lánguido. Yo me incorporaba de donde yacía, atinaba un camino entre los muebles del estrado, sala de las ceremonias, y abría en secreto las ventanas. Porfiaba inútilmente en distinguir el cortejo funeral. Una vislumbre desvariada recorría los cielos.

No puedo señalar el número de veces de mi despertamiento y vana solicitud. Recuperaba a tientas mi dormitorio, después de restablecer el orden en las alhajas de la sala. Un insecto diabólico provocaba mi enfado ocultándose velozmente en la espesura de la alfombra.

La ruina de las paredes había empolvado la sala desierta. Mis abuelos, enfáticos y señoriales, no recibían sino la visita de la muerte.

Yo no alcanzaba a desprenderme de los fantasmas del sueño en el curso de la vigilia. La mañana invadía de tintes lívidos mi balcón florido y yo reposaba: la vista en una lontananza de sauces indiferentes, en un ensueño de Shakespeare.

El jardinero de las espinas

Un relicario de bronce guardaba, más de mil años, los despojos de una virgen cristiana arrojada al Tíber. Yo había reconstituido algunos episodios de su jornada en este mundo por medio de las noticias breves, lineales, de una crónica devota.

La iglesia de su descanso dominaba una vía desierta. Las reliquias de los jardines y palacios declaraban el esfuerzo magnánimo de los antiguos. Yo visité el paraje en la mitad de noviembre, bajo un cielo de ópalo, desnudo y friolento. Yo me detuve al pie de un árbol de hojas invictas y las persuadí al sosiego recitando unos versos augurales de Virgilio.

Adiviné en ese momento uno de los prodigios atribuidos a la virgen martirizada. Su imagen ilusoria había consolado los días de un proscrito de la Edad Media, de un enfermo arrojado lejos de los hombres, impedidos en su cubil de helecho, y había puesto en sus manos el arpa de Israfel. Un judío de vida imperecedera me había revelado el nombre del primer músico en el cortejo de los ángeles.

Yo me restablecí de un afecto desvariado asumiendo una actitud contemplativa, esforzándome en dibujar la figura ideal de la santa. Yo, me perdí adrede en la soledad de unos montes bruñidos y me abandonaba sobre un reguero de piedras. Una golondrina desertaba de los suyos en el mes de sombras de la cuaresma y creaba delante de mí, enredándose en mis cabellos, la vista de la vía desierta y de la iglesia del relicario en la Roma pontifical.

El tejedor de mimbres

Un ave espectral, imagen de la pesadumbre y del sacrificio, volaba entre el humo y el ámbar de noviembre. Yo me perdía en la contemplación del vuelo monótono.

Los hábitos indolentes, la afición al ensueño, impedían mi rescate de la miseria. Yo me escondía en la maleza de un río palustre.

Una beldad seráfica aparecía a interrumpir mi desidia y me señalaba el camino del océano. Yo me aventuraba a recoger unas hierbas salobres y, pensando en el atavío de su persona, las despojaba de sus flores de marfil, emitidas súbitamente en el día más prolijo del año.

Yo asistí de lejos a la fiesta de sus bodas, perdido en la muchedumbre de los descalzos. La doncella demente vestía de luto y las luces de la basílica, una, joya italiana, la rodeaban de un aura mortecina. Había nacido para el embeleso de un amor ideal.

Pasó brevemente de esta vida. Su caballo la derribó por tierra, al emprender un viaje fortuito.

Yo penetré en la sala de su vivienda, la semana misma del llanto. Los deudos solemnes preguntaban el linaje de sus flores de marfil, reunidas sobre un cojín de terciopelo. No alcanzaban a comprender su origen de un mundo invisible.

El arribo forzoso

La fragata divide el mar de las ballenas y suspende la correría en el archipiélago de las aves. Los indígenas habitan cobertizos de madera y viven de la pesca, bajo un cielo de hollín.

El mito resume el origen de la sociedad módica.

El cuervo de la aventura, par del lobo en el festín de la batalla, dirige la nave del pirata ancestral, en una edad impía, y detiene el vuelo en el monte desnudo, en la cima de vidrio.

Yo me propongo recorrer la isla de basalto, percibir el lienzo de nieve.

Las olas de ritmo funeral mecen unos veleros de España en la rada sombría. Yo vuelvo la memoria a los mareantes vizcaínos, augures de la mitad del orbe en un siglo ignaro, y los diviso atónitos delante de la aurora boreal, danza de luces, asueto de corte en la soledad húmeda.

Visito la ciudad episcopal y sufro el ascendiente de la mujer súbita en una calle gris, donde prevale el signo procero de la ojiva.

He descrito su efigie al pastor de almas, cuando me hospedé en su vivienda ese mismo día. Una lámpara de tierra, abastecida del aceite de un pez y dibujada conforme un arte secular, iluminaba la entrevista.

Señaló en el hallazgo fortuito un presente de la gracia. La faz convenía a la reina de un pasado arcaico, devota del viacrucis. Los ojos inspiraban el ansia de n mundo invisible y lucía, en realidad, el hábito de una estatua yacente, sobre una tumba de hierro, en el país de la lluvia.

Fantasía del primitivo

Los querubines de semblante esclarecido vibraban sus espadas versátiles de fuego.

Las estrellas de lumbre entusiasta animaban el portento de la noche diáfana, erigían los guiones pontificales del cortejo de las virtudes e imitaban su cántico de esperanza.

Yo descubría delante de mis pasos el amaranto del certamen de los trovadores, la sencilla rosa del carmín y el junco ritual, el cíngulo del poeta florentino en el alba del purgatorio.

Yo me vi rodeado de mis sueños y memorias de la tierra. Siguiendo el hilo de un río lacio, un año inmemorial, ilustre por la maravilla de un solemne, dirigía un bajel, ataúd de la virgen del nimbo, sacrificada en un eclipse. Desde su sepulcro había revolado sobre la humanidad, en alas del pavor, la protesta de su fe.

Yo recibí la gracia de atinar con el secreto de los prodigios recatados a la mente profana del hombre. Convertida en una forma celeste, la virgen del nimbo alentaba los paladines del empíreo al socorro de los conflictos de los fieles y ella misma había serenado la faz y enaltecido la última hora de Roldán.

Omega

Cuando la muerte acuda finalmente a mi ruego y sus avisos me hayan habilitado para el viaje solitario, yo invocaré un ser primaveral, con el fin de solicitar la asistencia de la armonía de origen supremo, y un solaz infinito reposará mi semblante.

Mis reliquias, ocultas en el seno de la oscuridad y animadas de una vida informe, responderán desde su destierro al magnetismo de una voz inquieta, proferida en un litoral desnudo.

El recuerdo elocuente, a semejanza de una Luna exigua sobre la vista de un ave sonámbula, estorbará mi sueño impersonal hasta la hora de sumirse, con mi nombre, en el olvido solemne.

Los aires del presagio[1]

---

1   Compilados por Rafael Ángel Insáusti en 1960.

Granizada[2]

—Leer es un acto de servilismo.

—El bien es el mal menor.

—La vida es un despilfarro.

—La vida es una afrenta; el organismo es una red de emuntorios.

—Vivir es morirse.

—Dios se ensaña con los pobres.

—Dios carece de existencia práctica.

—Dios es el soberano relegado y perezoso de una monarquía constitucional, en donde Satanás actúa de primer ministro.

—La verdad es el hecho.

—La filosofía nos pone en el caso de que la insultemos.

—La ignorancia nos lleva derecho al escepticismo, que es la actitud más juiciosa de nuestra mente.

—La ciencia consta de los hechos y de su explicación. Esta última es variable y sujeta a error, pero no debemos preocuparnos, porque el error es el principal agente de la civilización.

—Las reputaciones impedirían el progreso si no existieran los murmuradores.

I

—El calificativo de sobresaliente aplicado a los escolares: etiqueta de borregos, presea de insignificantes, ruido de anónimos.

—El derecho y el arte son una enmienda del hombre a la realidad.

—Los modales sirven para disimular la mala educación. La urbanidad consiste en el buen humor.

—El cultivo del Libertador.

—La aristocracia de nacimiento es una autosugestión. Por eso, nadie cree en el linaje de otro.

---

2   I. Elite; Caracas, 7 de septiembre de 1929.

     II. Elite; Caracas, 10 de octubre de 1925.

     III. Elite; Caracas, 5 de enero de 1929. (Publicado con el título de Cencerro.)

     IV. Elite; Caracas, 24 de diciembre de 1927. (Publicado con el título de Resumen.)

     V. Elite; Caracas, 7 de julio de 1928. (Publicado con el título de Argumentos.)

     VI. La Universidad; Caracas, septiembre de 1927.

—La democracia es la aristocracia de la capacidad.

—Los apellidos ilustres son patentes de corso.

—El dinero no sirve sino para comprar.

—Los burgueses se caracterizan por el miedo de aparecer como burgueses.

—Los intrigantes acostumbran una laboriosidad ostentosa.

—El trabajo es un ejercicio devoto que sirve a los desvalidos para ganar el reino de los cielos.

—La gramática sirve para justificar las sinrazones del lenguaje.

—Las palabras se dividen en expresivas e inexpresivas. No hay palabras castizas.

—Un idioma es el universo traducido a ese idioma.

—Es buen escritor el que usa expresiones insustituibles.

—Los escritores se dividen en aburridos y amenos. Los primeros reciben también el nombre de clásicos.

—Las personas de temperamento clásico elevan el caso a ejemplo y el ejemplo a regla.

—Lo único decente que se puede hacer con la historia es falsificarla.

—La historia no sirve sino para aumentar el odio entre los hombres..

—Hay que desechar la historia, usar con ella el gesto de la criada que, al amanecer de cualquier día, despide con la escoba el cadáver de un murciélago, sabandija negra, sucia y mal agorera.

—Los godos son zurdos.

—Dos médicos no pueden mirarse a la cara sin reírse.

—Es posible calificar los pueblos conforme las interjecciones de que se valen. Los romanos eran unos sandios; se animaban con interjecciones inexpresivas: io, eheu, papae.

—Los norteamericanos son alertos inventores. Descubrieron que el vestido tiene por objeto vestir al hombre, en vez de oprimirlo o disfrazarlo. La adopción del cuello flojo es otra victoria de la república sobre el antiguo régimen, una amena lección de Benjamín Franklin al acompasado cortesano de Versalles. Aquel filántropo no descansaba en servicio de sus semejantes después de inventar el pararrayos.

—El concubinato merece bien de la república. Ha acelerado la fusión de las razas venezolanas.

—En Venezuela no hay ni puede haber conflicto de razas, porque la gente de color aspira a ser blanca.

—La familia es una escuela de egoísmo antropófago.

—El matrimonio es un estado zoológico.

—El matrimonio es el camino por el cual dos personas llegan más fácilmente a odiarse y a despreciarse.

—El matrimonio: azotes y galeras.

—Enamorarse es una falta de amor propio.

—Un hombre se casa cuando no tiene otra cosa de qué ocuparse.

—Marido y mujer: ¡cómplices!

—La humanidad es una reata de monos.

—Los hombres se dividen en mentales y sementales.

—Las mujeres se dividen en bellas y feas.

—Las mujeres son botín de guerra.

—Gedeón se toma el trabajo de enamorar a la mujer con quien se casa.

—Gedeón quiere a su esposa.

—Los clérigos abominan la mujer, agente de la naturaleza herética.

—Las señoras son los alguaciles de la burguesía dogmática y panzuda.

—Todo varón debe ignorar y maldecir la literatura. Leerla es una disipación digna, a lo sumo, de las odaliscas mentirosas y de los eunucos perversos del harén.

—Dostoievski predicaba la religión del sufrimiento. ¡Cuidado con escuchar a ese ruso anómalo! Fundemos, por fin, la religión de la dignidad humana, una religión inteligible y barata, sin clero ni altar.

—Los cándidos entienden que el amor de una mujer puede constituir el premio de un esfuerzo heroico o de una vida meritoria. No observan que un aventurero o un insignificante conseguirían el amor de esa misma mujer.

—El adulterio es delito forzado como el contrabando. Sirve para subsanar las situaciones tiránicas nacidas del matrimonio de conveniencia. Restablece la sinceridad en la elección.

—La amistad es una capitulación de la dignidad.

—La falta de escrúpulo es el sucedáneo de la energía.

—La fortaleza es la desesperación aceptada.

—El lenguaje no consiente sinónimos, porque es individuante como darte. Dos palabras, equivalentes en el diccionario, no pueden usarse la una por la otra en el discurso.

—Las Islas Británicas sufren la plaga del snob. Sus literatos han inventado, para combatirla, una manera especial de sentir y de expresarse, denominada humour.

—El feminismo es una pretensión de la mujer a justificar lo gastado en su crianza.

—Es superfluo hablar mal de la gente.

—La aristocracia no se da en la especie humana.

—La hospitalidad es una virtud de pueblo bárbaro.

—Los hombres deben pagar el privilegio de haber nacido varones.

—El orgulloso se compara con el ideal de la perfección y el vanidoso se compara con los demás hombres.

—El elogio no contenta sino a los seres abyectos. Equivale a una gracia o licencia. Al aceptarlo, confesamos la soberanía de los demás.

—La palabra cosmético resume la vida y la obra de Oscar Wilde.

—La mujer es la madre de la nación.

—Las mujeres mandan en las fiestas de sociedad. Las inventaron al darse cuenta de que el varón se abstiene de maltratarlas en público. La invención es relativamente moderna. Los antiguos no conocieron semejantes funciones de fantoches.

—El mal es un autor de la belleza. La tragedia, memoria del infortunio, es el arte superior. El mal introduce la sorpresa, la innovación en este mundo rutinario. Sin el mal, llegaríamos a la uniformidad, sucumbiríamos en la idiotez.

—La frivolidad es un elemento de la belleza literaria. Todo lo que enseña es feo.

—El aristócrata necesita prestancia. La fealdad de la raza estorba de modo sensible el florecimiento de una aristocracia en Venezuela.

—Cierta caridad, la del soberbio, es simultánea con la envidia. Una persona maldice la prosperidad de su igual, censura, cuando menos, al prójimo de su misma línea y abraza y regala al humilde.

—El tiempo es una invención de los relojeros.

—Horacio es un áurea mediocridad:

—La gloria no es aristocrática. Es el veredicto de la humanidad, el asentimiento de un aquelarre de loros.

—La virtud es el sacrificio de sí mismo. Difiere esencialmente de la austeridad y de su cómplice la fealdad.

—Un olvido de Hamlet: tal vez hay necesidad de practicar el mal para ser respetado, para vivir en medio de nuestros semejantes.

—El autómata inglés, empedernido en la imitación, catedrático de elegancia adocenada, títere formal, abastece de mímica al género humano. La corrección es su ideal hipócrita.

—Una lengua carece de existencia propia. Al lado del idioma abstracto, general e impersonal, recogido en los léxicos rezagados, existe el idioma singularísimo de cada artista del verbo y el idioma convenido de cada gremio de profesores o de oficiales.

—Es muy fácil descubrir los defectos porque toda cualidad es necesariamente un rasgo característico, esto es, un límite.

—La cobardía, el atrevimiento con el desvalido, es el rasgo esencial de la criatura humana.

—El hombre ha inventado el símbolo porque no puede asir directamente la realidad.

—Dios es la ley primordial del universo. Es, por consiguiente, inflexible.

—La explicación debe ceñirse al fenómeno. Un hombre de juicio escasea la regla general y proscribe las causas latitudinarias, holgadas, capaces de explicar demasiado. La sociología es el arte monótono de negar el progreso voluntario, citando causas informes, de efecto conjetural o equívoco.

—La sociología es la torre de Eiffel de la estupidez.

—El sacrificio rescata el oprobio de la vida.

II

—La incertidumbre es la ley del universo.

—La literatura siempre merece elogio. Es cuando menos un derivativo; el sujeto que la ejerce podría molestarnos con otra actividad más deplorable.

—Puede concebirse una moral naturalista, fundada en el instinto de conservación. No se trata aquí de un instinto de conservación feral, sino de un instinto de conservación humano, convertido al culto de la dignidad propia y al respeto de la ajena.

—La timidez es de buen tono.

—La sociedad aprovecha con los grandes hombres menos de lo que pierde con la calamidad de sus descendientes.

—La sociología es un capítulo de la psicología, porque los seres racionales se determinan en virtud de razones.

III

—Novio de origen alemán, insípido e hipnótico.

IV

—La fama no es sino el voto de la muchedumbre.

V

—La democracia en el Estado y la aristocracia en la familia.

—La grandeza de los héroes falsos y de forja sube con el cercén de los méritos ajenos.

—La historia convenida y ortodoxa, catecismo de urbanidad y de modales correctos, se ensaña con el original y el cismático, y prodiga sus palmas al adocenado.

VI

—La libertad no es sino el cumplimiento de la ley dictada en interés general.

Residuo[3]

Yo decliné mi frente sobre el páramo de las revelaciones y del terror, donde no se atreve el rocío imparcial de la parábola.

Salí a una ciudad ilustre y las vírgenes cerraban su ventana al acento de mi laúd siniestro.

Una forma casta, de origen celeste, depositaba en mis c bellos su beso glacial. Acudía a través de mi sueño de proscrito, a mi cama de piedra, fosa de Job, abismo de dolores de Leopardi. ¿Se habrán lastimado sus pies de azahar? Un árbol, emisario de la tormenta, azota el horizonte con su rama desnuda en el curso del día monótono. Mi voz te ha ahuyentado de mi duro camino, ave procelaria, cenit de la cúpula del cielo.

Ginebra, marzo de 1930

---

3   *El Universal*, Caracas, 13 de junio de 1931. (Publicado por José Nucete Sardi en artículo suyo sobre Ramos Sucre.)

Textos no recogidos en libros

La incertidumbre es la ley del universo.

Del destierro[4]

Llevo en el espíritu la desolación del paisaje, la naturaleza está de duelo; comunicó la montaña su inamovilidad a la neblina que la envuelve; del aroma y del canto está huérfano el aire, árboles melancólicos, como soñolientos agonizan bajo un cielo plomizo, en una atmósfera asfixiante. En este lugar lleno de silencio, parece que solo viviera mi corazón alentado por un recuerdo, por una sensación muerta.

Rememoro la mañana, cuando pasó a mi lado, encarnación de beldad tentadora que atormentara el sueño de un asceta: arrogante el paso, desdeñoso el gesto; desde las tinieblas de sus ojos de mirar perverso lanzaba sus flechas el amor oculto; en su faz, seda viva un lunar como diminuta estrella apagada; con cabeza rubia ponía una sonrisa de luz un Sol de fiesta...

En éxtasis divino, queriendo eternizar aquel instante, la contemplé alejarse junto con mi tranquilidad por la avenida asombrosa de árboles, cuyas hojas susurraban con murmullos de voces muy quedas.

Desde ese momento, la pena es mi huésped, consagrado a ella vivo, me mata su ausencia; hizo en mi pecho su nido ese recuerdo que me atormenta como una garra que se ahonda.. Vivimos del dolor y del pasado, disipando tristezas, poniendo en fuga negros pensamientos, el recuerdo de aquella mujer hace palpitar mi corazón, único ser que parece vivir en este lugar de silencio la naturaleza, cansada de actividad y ansiosa muerte.

---

4   En Ritmo e ideas. (Revista literaria). Cumaná, Año 1, no 1, 15 de diciembre de 1911.

El paria[5]

A Caracas, reducido casi a la mendicidad vergonzante, viene desde muy lejos. La separación de los suyos lo agobia de pena no expresada, porque la expresión ordinaria del dolor es indigna de las almas severas. Lo espanta del regreso el recuerdo del hogar fulminado por el destino. Lo retiene el afecto a una idea generosa: el bien de la humanidad, el de la patria, tal vez la justicia a que se prometió esposo, como a la pobreza el santo de Asís.

Lo subleva y mantiene constante en sus propósitos el espectáculo de la brutalidad victoriosa, el de la belleza reducida a estropajo, el del mérito oculto o negado; sufre y piensa puesta el alma en la reparación que ha de llegar y denostando el triunfo de la fuerza que no justifica ni en la naturaleza.

Como el filósofo griego, encuentra al hombre que solicita entre los humildes, y nunca desengaño lo torturó más que cuando vio manchar de negro y difundir claridad mezquina y traidora cuanto creyó fuego de ingenio.

Desoye a quienes aconsejan la abdicación con la palabra y el ejemplo; más sabios son los sueños de juventud que le mantienen enferma el alma. Un momento que consagrarles sabrá de la realidad brutal con más ahínco que una bandera del ultraje o una vida de las fauces de una fiera Incurable soñador, la realidad le da en vano rudos alertas. Su espíritu responde muy poco a la impresión de la vida exterior, como un mar muerto de frío que deja de acompañar con sus rumores los del aire estremecido por ráfagas de hielo y de duelo. Sufre la pobreza con decoro cuando en su interior deseos incontenibles y nunca satisfechos se yerguen torcidos y violentos como áspides, y se acerca al porvenir muy hondo y muy negro como a un peligro.

---

5   En Cultura. (Revista cultural). Caracas, noviembre 1912. p s/n.

Cartas

Señor Lorenzo Ramos Caracas, 26 de marzo de 1921
Maracaibo, Agencia Banco Venezuela.

Estimado Lorenzo:

Recibida tu carta. La leí con suma atención, y visité a Lecuna, quien se manifiesta dispuesto a dejarte allí y a contribuir a tu prosperidad. Te con viene vivir dentro de las cuatro paredes de tu casa. Tomo en cuenta lo que dices en tu última carta. Ya te había escrito diciéndote que debes escribir con el único adorno de la expresión exacta y suprimiendo cruelmente lo que pueda sonar a discurso. La palabra debe ser siempre humilde y llana. Nunca debe llamarse la atención. Evita las malas compañías. Allí hay muchos alcohólicos. Vive solo, pero sé amable.

Debes tener de tu propiedad estos libros en versiones francesas y en prosa, excepto la Biblia, que debe ser la versión protestante de Cipriano de Valera: *La Ilíada* y Odisea, Plutarco, Virgilio, El Edda o sea la Mitología escandinava (este último libro te lo consigue François Jarrin, Rue des Ecoles 48 o J. Gamber, Rue Danton 7), la *Divina Comedia*, Orlando Furioso por Ariosto, Don Quijote en español, el Fausto de Goethe, el Telémaco, las Mil y una noches.

Leer, aunque no los tengas: Teatro inglés (Shakespeare), Teatro español (Lope de Vega, Calderón, Tirso de Molina, Alarcón), Teatro griego (Esquilo, Sófocles, Eurípides), Teatro francés (Molière, Racine y Corneille). Con leer algún drama de cada autor te basta.

Te basta leer algún ejemplar de cada tipo de novela: Novela picaresca (Gil Bias). Novela de casualidades inverosímiles (Tres Mosqueteros). Novela histórica (Walter Scott). Novela típica de Inglaterra (Dickens, Jorge Eliot que es mujer). Novela típica de Francia (Balzac). Novela típica de Rusia (Dostoievski). Novela típica de España moderna (Galdós, Pedro Antonio de Alarcón, el dramático es Ruiz de Alarcón).

Los mejores manuales de historia universal son los de Duruy, y la mejor historia de Venezuela es la de Baralt que debes tener propia.

El día que hayas leído todo esto poseerás una cultura literaria enorme.

Ya ves, no es necesario leer muchos libros, sino los libros característicos de cada nación y de cada época.

J. Gamber, Rue Danton 7, es más complaciente y activo que Jatrin; cuando le escribas fírmate Lorenzo Ramos, para evitar que te confunda conmigo. Dile que no quieres ediciones de lujo, sino decentes.

Te conviene tener propio: F. Loliée, *Histoire des Literatures comparées.*

Edmond Desmolins, *A quoi tient la superiorité des Anglosaxons.* Ponte en correspondencia con J. Gamber, el mejor agente. Vive en París, Rue Danton 7.

Ocúpate de leer primero los libros que te aconsejo, y no te dejes guiar eh ese punto por más nadie.

Estoy dispuesto a servirte con todas mis potencias. Mándame como quieras. Sé amable y vive solo. Complace a tus semejantes y esquívalos. Haz de cada persona con quien trates un amigo, pero no un amigo importuno sino un amigo útil.

(sin firma)

A Lorenzo Ramos

[Septiembre 1924]

(...) de Marden y mucho mejor los de Prentice Mulford. La vida es como, uno la piensa; luego si uno la piensa mala, se vuelve loco de desesperación. Cuida mucho tu salud; no contraigas enfermedades. Apruebo que escribas. Para ello escribirás todos los días un pensamiento que sea la consecuencia lógica del que hayas estampado el día anterior.

Escribe siempre a la misma hora. Redacta con la mayor simplicidad y con el menor número de palabras. No intentes redactar sin saber muy bien lo que quieres decir. No imites nunca lo que otro haya dicho, porque cada hombre es un mundo aparte, y además cada hombre tiene dentro del espíritu una mina en la cual siempre halla lo que necesita. Óyete a ti mismo. Lee a Baralt, Ricardo León, Pardo Bazán, Cervantes, Mariana. Sobre todo lee muy bien a Baralt como si fuera un libro de oraciones. Con esos autores aprenderás a manejar castellano. Consulta constantemente el diccionario. Uno siente cuál es el adjetivo que debe aplicar al sustantivo, y ése es el que debe aplicar. Por adjetivos originales, propios de ti, que sean la opinión tuya sobre lo que pienses o veas. Para ser original, te basta escucharte a ti mismo, evitando copiar. Pero no olvides que primero está la belleza que la originalidad. Otra cosa, sé muy moderado al escribir, no incurras nunca en exageración, en desproporción. Familiarízate mucho con Baralt, léele todos los días. Cada vez que leas un libro, escribe tus impresiones, en un estilo sencillo, con el menor número de palabras, y con lógica, deduciendo cada pensamiento del anterior..

Es necesario que abandones la carrera que tienes, ocúpate de finanzas, de economía política, de bancos, y escribe sobre eso. No digas nunca «así fue que», sino «así fue como»; «allí fue que», sino «allí fue donde»; «entonces fue que», sino «entonces fue cuando»; «por esto es que», sino «por esto es por lo que»; «tan es así», sino «tanto es así».

Escribir es cosa de mucha paciencia, y no debe omitirse un día. Se escribe todos los días, sin excepción. Para escribir bien es necesario saber de memoria el mayor número de palabras y de frases castizas.

Te repito que debes escoger un escritor como maestro, yo te recomiendo a Baralt y a Ricardo León. Más al primero.

Contesto tu carta de memoria, pues no sé dónde la he puesto. Dile a (...) que las personas que lo han tratado lo tienen por demasiado irritable y lamentador, es decir, practica los dos defectos que han matado a Juan Miguel Alarcón. Dile que la irritación y la lamentación se pierden con la gimnasia. Me dicen que come demasiado. Para comer demasiado se necesita hacer mucho ejercicio. Pero la gula está condenada siempre, porque trae artritismo.

Creo que no tengo otra cosa que decirte. Te abraza

José Antonio

Caracas, 25 de octubre de 1929

Señor Lorenzo Ramos Sucre, agente del Banco de Venezuela
Maracay

Fiel Lorenzo:

Empiezo por decirte que Federico está pensionado por el Estado Sucre y que él no se aplica a los estudios. Es un hombre de sociedad y nada vulgar. Un joven tan alegre no habría surgido jamás en el presidio de casa. Observa la diferencia. Luisa puede ser hostil con los extraños, pero no desespera a sus hijos y lo ves en los casamientos de sus hijos. Por otra parte, la presencia bonancible de Ramón neutraliza la melancolía y severidad que pueda haber en Luisa. Yo no creo en severidad, mal humor, irascibilidad; yo no señalo sino crueldad y vulgaridad.

Tú sabes que la escasa resistencia que ofrezco a las enfermedades no vienen sino de un sistema nervioso destruida por los infinitos desagrados, discusiones, maldiciones, desesperaciones y estrangulaciones que me afligieron.

Carúpano fue un encierro. El padre Ramos ignoraba por completo el miramiento que se debe a un niño. Incurría en una severidad estúpida por causas baladíes. De allí el ningún afecto que siento por él. Yo pasaba días y días si salir a la calle y me asaltaban entonces accesos de desesperación y permanecía horas llorando y riendo al mismo tiempo. Yo odio a las personas encargadas de criarme. No acudí a papá por miedo. El padre Ramos era una, eminencia y yo no era nadie, sino un niño mal humorado. La humanidad bestial no veía que el mal humor venía de la desesperación del encierro y de no tener a quién acudir. Yo temía a papá, quien era atento con Trinita y no conmigo. Ya ves cómo se vino elaborando mi desgracia. Suponte que yo era regañado por el padre Ramos y regañado por la plasta de mierda de Martínez Mata porque retozaba con los niños de mi edad, a los once años, en la plaza de Santa Rosa. Es decir, yo era regañado por un acto impuesto por la pedagogía anglosajona hace tres siglos y defendido celosamente por la policía anglosajona: Habla con personas que conozcan a Inglaterra y los Estados Unidos.

Al salir de ese presidio de Carúpano, circuito del infierno dantesco, pude salir a la calle, pero la tiranía era más severa aunque de nueva forma. Incurría en el enojo de Rita Sucre por actos de falta de atención o de fatiga de la atención y estas escenas eran tremendas y duraban meses. No podía aplacarla a pesar de mi docilidad nativa. Yo me creía obligado a dar el ejemplo de la honestidad y solo conseguí ser un hipócrita, un mentiroso.

Creo en la potencia de mi facultad lírica. Sé muy bien que he creado una obra inmortal y que siquiera el triste consuelo de la gloria me recompensará de tantos dolores.

Tú supondrás si con tales antecedentes puedo yo resistir una infección imperecedera como la amibiasis. El desequilibrio de mis nervios es un horror y solo el miedo me ha detenido en el umbral del suicidio. Uno no hace lo que quiere sino lo que le permiten las circunstancias de herencia, educación, salud o enfermedad corporal, etc. Nuestros actos son involuntarios y hasta irreflexivos.

Ahora, yo observo que yo era más vivo que mis contemporáneos y que ellos solo me superaban en tener hogar sedante y tolerante. Yo he sido querido, admirado, compadecido por bellísimas mujeres. Naturalmente, no he abusado de su bondad. María del Rosario Arias habló conmigo una sola vez, antes de venirme para Caracas y me recordaba afectuosamente por ese único motivo. Se asombró de mi humanidad y amenidad al conocerme.

Yo no recuerdo a José Antonio Yépez. Salúdalo con mucha cordialidad en mi nombre. Dolores Emilia está muy satisfecha de ti y de tu gente.

Los juicios acerca de mis dos libros han sido muy superficiales. No es fácil escribir un buen juicio sobre dos libros tan acendrados o refinados. Se requieren en el crítico los conocimientos que yo atesoré en el antro de mis dolores. Y todo el mundo no ha tenido una vida tan excepcional. Solamente Leopardi, el poeta de la amargura. Alguien ha apuntado ya mi semejanza con el lírico y filósofo italiano. Lírico es el que habla de sus propias emociones.

Antier estuvo por aquí la importante Gladys, mi sobrina perfecta. Creo que no se fue descontenta.

Conserva tu salud y compra una casa ea Caracas.

Te abraza tu hermano,
J. A. R. S.

Hamburgo, 5 de febrero de 1930[6]

Señorita Dolores Emilia Madriz. Cumaná.

Ilustre Dolores Emilia:

Te contesté la amabilísima carta que me dirigiste casa de Juan y ahora me refiero a otra del 6 de enero. En esta nueva carta me demuestras la misma invariable solicitud por mi bienestar.

Pero me hablas de venirte a Europa en abril próximo esperando en mi salud. Para esa fecha no se habrá decidido todavía el tremendo problema de mi salud. Yo mismo no sé qué tengo. Sospecho que todo este horror provenga de una enfermedad parasitaria y así mismo piensan dos especialistas consultados. Pero si el malestar posee existencia independiente y no deriva de esa infección, estoy perdido.

Yo no sé cómo me alcanza el cerebro para escribir una carta.

El Instituto Tropical de Hamburgo asegura haberme curado la amibiasis perfectamente. Pero los trastornos nerviosos no han desaparecido aún y se manifiestan de modo contradictorio..

Salgo en esta misma semana para el Tirol, donde me someterán a un nuevo tratamiento para restablecerme del agotamiento y quitarme los hipnóticos.

Solamente el miedo al suicidio me permite sufrir con tanta paciencia. Yo te haré bien y tú quedarás contenta. Pero falta decidir este proceso.

Las mujeres alemanas son adorables, muy lindas, de aspecto infantil. Los varones alemanes les pegan a sus mujeres. Una noche salvé a una niña alemana de ser atropellada por un auto y ella se ciñó a mí y yo nunca sentí como en ese momento la victoria infalible de la mujer, de la criatura indefensa, sobre los hombres compasivos. La alemancita era como Luisa Elena Almándoz. Estaba llena de terror y gemía. Carecía absolutamente de virtud o ferocidad.

---

6   *Los aires del presagio*, Caracas, 2.ª edición, Monte Ávila Editores, 1976. (Esta carta parece estar incompleta, porque en la reproducción del autógrafo, el breve párrafo final no tiene el punto que aquí se le ha puesto, y falta, además, la firma de Ramos Sucre.)

Por cierto, en toda Europa se es inmoral, se vive y se deja vivir a los demás. Los rugidos de la virtud antropófaga no se oyen por aquí. Los europeos trabajan espantosamente y son muy afables. Aquí nadie echa maldiciones ni blasfema. Estos son países muy cultos. Yo debí nacer en Europa porque soy profundamente corrompido o sea humano.

Tú me conoces.

Srta. Dolores Emilia Madriz. Cumaná

Muy ilustre Dolores Emilia: Ginebra, 7 de junio 1930[7]

Ayer recibí tu última carta y tu retrato en compañía de la dulce Leonor. Besé infinitas veces tu retrato.

No te impacientes conmigo. Aún no he podido visitar a París. Los trabajos de la Sociedad de las Naciones y la presencia de diplomáticos venezolanos en Ginebra me han impedido ausentarme. Yo te prometo dejarte satisfecha.

Te advierto que mis dolores siguen tan crueles como cuando me consolabas en Caracas. Yo no me resigno a pasar el resto de mi vida, ¡quién sabe cuántos años!, en la decadencia mental. Toda la máquina se ha desorganizado. Temo muchísimo perder la voluntad para el trabajo. Todavía me afeito diariamente. Apenas leo. Descubro en mí un cambio radical en el carácter.

Pasado mañana cumplo cuarenta años y hace dos que no escribo una línea. Apenas puedo consolarme buscando la vida de enfermos ilustres a quienes la fatalidad apagó en plena juventud. Te ruego que no permitas la leyenda de que soy antropófago y salvaje y enemigo de la humanidad y de la mujer. Esa leyenda es obra de mis enemigos. Tú sabes que, al contrario, soy muy accesible, muy indulgente y jamás he lastimado a una mujer.

Los médicos de Europa no han descubierto qué es lo que me derriba. Yo supongo que son pesares acumulados. Tú sabes que mi cadena fue siempre muy corta y muy pesada. Nací en la casa donde todo está prohibido.

Yo te suplico que disculpes estas confidencias. Beso las manos de las distinguidas primas y me despido así mismo de ti.

Escríbeme.

J. A. R. S.

---

7   Los Aires del Presagio, Caracas, 2 edición. Monte Ávila, Editores, 1976.

Consejos de orden intelectual para Lorenzo Ramos

Escribir bien se reduce a escribir con expresiones exactas. Para lograr la expresión exacta, se requiere conocer bastante el diccionario. Hay que estudiar el diccionario, conocer el mayor número de palabras y de giros o frases. Los giros o frases se aprenden leyendo continuamente a Baralt. La gramática se aprende leyendo continuamente la *Exposición sobre los casos y oraciones* por Eduardo Benot, librería Hernando en Madrid, y también el Libro de los Galicismos por Adolfo de Castro, en librería Hernando, Madrid, y también consultando la parte dedicada a la gramática en el Memento Larousse, obra indispensable que se vende en François Jarrin, París, Rue des Ecoles 48. No hay que confundir Memento Larousse con otras obras del mismo Larousse. En aquélla hay pequeños tratados de materias indispensables a un hombre civilizado.

El francés sé domina estudiando constantemente el Ollendorf francés compuesto por Eduardo Benot, librería Hernando, Madrid.

El inglés se aprende por el Ollendorf inglés compuesto por Eduardo Benot, librería Hernando, Madrid. Cada palabra inglesa se aprende con su pronunciación y acentuación, según la trae el diccionario de Cuyás. Las palabras se aprenden del castellano para el idioma extranjero: pan es bread, y no bread es pan. Hay que educar el oído leyendo en alta voz. Me parece que el maestro americano o inglés nativo debe buscarse después de saber todo el método de Benot.

Hay que leer prefiriendo los autores mayores a los menores, Virgilio a Villaespesa. Recomiendo la historia universal de Juan Vicente González o los manuales de Duruy, quien encierra toda la Historia Universal en seis pequeños manuales sobre cada época. (Edad Media y, etc.)

**Consejo importante de orden intelectual
para Lorenzo Ramos**

Lo que se escribe debe tener un solo adorno: el de la exactitud. Lo que se escribe no debe causar efecto, alarma en el lector, la expresión no debe sonar jamás a discurso, a elocuencia declamatoria y tribunicia. Nunca, en lo que se diga, haga o escriba, se debe llamar la atención. En este principio se fundan todas las virtudes sociales.

Libros a la carta

A la carta es un servicio especializado para

empresas,

librerías,

bibliotecas,

editoriales

y centros de enseñanza;

y permite confeccionar libros que, por su formato y concepción, sirven a los propósitos más específicos de estas instituciones.

Las empresas nos encargan ediciones personalizadas para marketing editorial o para regalos institucionales. Y los interesados solicitan, a título personal, ediciones antiguas, o no disponibles en el mercado; y las acompañan con notas y comentarios críticos.

Las ediciones tienen como apoyo un libro de estilo con todo tipo de referencias sobre los criterios de tratamiento tipográfico aplicados a nuestros libros que puede ser consultado en Linkgua-ediciones.com.

Linkgua edita por encargo diferentes versiones de una misma obra con distintos tratamientos ortotipográficos (actualizaciones de carácter divulgativo de un clásico, o versiones estrictamente fieles a la edición original de referencia).

Este servicio de ediciones a la carta le permitirá, si usted se dedica a la enseñanza, tener una forma de hacer pública su interpretación de un texto y, sobre una versión digitalizada «base», usted podrá introducir interpretaciones del texto fuente. Es un tópico que los profesores denuncien en clase los desmanes de una edición, o vayan comentando errores de interpretación de un texto y esta es una solución útil a esa necesidad del mundo académico.

Asimismo publicamos de manera sistemática, en un mismo catálogo, tesis doctorales y actas de congresos académicos, que son distribuidas a través de nuestra Web.

El servicio de «libros a la carta» funciona de dos formas.

1. Tenemos un fondo de libros digitalizados que usted puede personalizar en tiradas de al menos cinco ejemplares. Estas personalizaciones pueden ser de todo tipo: añadir notas de clase para uso de un grupo de estudiantes,

introducir logos corporativos para uso con fines de marketing empresarial, etc. etc.

2. Buscamos libros descatalogados de otras editoriales y los reeditamos en tiradas cortas a petición de un cliente.